Das heutige positive und nationale

Besitzrecht

in seiner Unabhängigkeit von der römischen possessio.

(Zugleich eine Denkschrift für die kommende Civilgesetzgebung.)

Von

Dr. Karl Joseph Seitz,

Landgerichtsrat in Schweinfurt (Bayern).

Berlin und Leipzig.

Verlag von J. Guttentag

(D. Collin).

1880.

Inhalts-Verzeichniß.

Seite.

Einleitung.

In der Einfachheit Wahrheit,
in der Wahrheit Größe des Rechts!

Hiemit übergebe ich der Jurisprudenz unsrer Gegenwart eine kurzgedrängte Skizze: den Versuch, das heutige praktische und nationale Besitzrecht — zum ersten Male unabhängig von dem lange gehegten Irrtume, als ob die römische possessio dieser unser Besitz[1]) sei, — in seinen positiven Grundzügen wie nebenbei in seinen legislativen Beziehungen darzustellen.

Seit einem Jahrtausend etwa hat man in nachrömischer Zeit unsren heimischen Besitz unter der Hülle der römischen possessio wiedergegeben. Wiederholt vom Jahre 1865[2]) an habe nicht blos

[1]) Vor allem mag es hier gestattet sein, nach bisheriger Uebung unter dem Ausdrucke „Besitz" regelmäßig, sofern sich nicht der Beisatz „faktischer" Besitz findet, nicht diesen, sondern das heutige Besitzrecht zu begreifen. Solch' tropische Bezeichnungen des Rechts durch seinen Gegenstand (Metonomien) kennt innerhalb der Rechtssprache jedes, nicht blos das heutige, vor allem auch das technisch vollendete röm. Recht. In den Worten mutuum, depositum, commodatum, pignus, possessio, ususfructus, hereditas rc. rc. wird mittels des geliehenen rc. Gegenstandes stets das Recht, die Obligation rc. bezeichnet. Ja die Römer besagen uns direkt, daß sie dies beabsichtigen: l. 23 D. V. S. 50, 16; vergl. meine Erläuterung dieser Stelle in Grünhut's Zeitschr. Bd. VI, S. 712, § 18, Note 1.

[2]) Zuerst habe ich die Eigentumsnatur der röm. possessio und deren Unanwendbarkeit als Besitz behauptet in meiner Schrift: Das praktische Bedürfniß der Rechtsreform gegenüber der historischen Schule, Erlangen, Deichert, 1865, S. 140—159; und: Zur Kritik der heutigen Negatorien- und Confessorienklage, und damit zur Kritik der herrschenden histor. Rechtsschule (der herrschenden Rechtsdarstellung) im Allg. Eine Studie vom Standpunkte einer wissenschaftl.

ich darzuthun versucht, wie logisch unmöglich diese Vergewaltigung ist[3]) und wie tief sie unser Rechtsleben schädigte[4]); auch in der übrigen Jurisprudenz ist jüngst die Ueberzeugung mehr und mehr zur gemeinen Meinung durchgedrungen, daß das Wesen der als unser Besitz verwerteten röm. possessio noch keineswegs „entdeckt" sei[5]). — An deren Ergründung ist in diesem Falle der Wetteifer der Nationen, welche seit nachrömischer Zeit in geschichtlicher Reihenfolge in der Pflege des röm. Rechts um die Palme gerungen, sind die Bestrebungen einer Glosse, der spätern italienischen, einer französischen und holländischen Jurisprudenz wie die Mustermonographie unsrer eignen seitdem herrschenden Schule spurlos vorübergegangen. — Die dogmatischen Beweise nun, von welchen ich hoffe, daß sie endlich zwingend darthun möchten, daß die römische possessio bis in die späteste Kaiserzeit niemals das phantasiereiche Gebilde des bisherigen romanistischen und bei uns gemeinrechtlichen Besitzes gewesen sein dürfte, habe ich seit etwa ein Vierteljahrhundert gesammelt, seitdem einer fortwährenden geschichtlichen wie praktischen Probe unterzogen und neuerdings in drei fortlaufenden Heften 2—4 des letztverflossenen Jahrgangs von Grünhut's Zeitschrift für das Privat- und öffentliche Recht der Gegenwart[6]) der

---

Empirie des pos. Rechts der Gegenwart und eines gegebenen nationalen Civilrechts in Deutschland, sowie nebenbei eine Replik gegenüber Ernst Immanuel Bekker, Jena, Mauke's Verlag (Hermann Dufft) 1873, insbes. S. 139—154. — Bekanntlich hat seitdem (zuerst Jahrbücher für Dogmatik, Bd. IX, S. 1 ff., 1868) Ihering in der possessio eine Eigentumsposition, wenn auch noch nicht das geschichtl. Eigentum des röm. jus gentium ersehen. Aehnlich nach ihm Andere. Neuerdings nimmt auch Kindel ein vermutetes Eigentum an in dessen krit. Bemerkungen in den Beiträgen zur Erl. d. d. Rs. von Rassow und Küntzel (Gruchot) 3. Folge, 1. Jahrg. 1877, S. 734—5 zu Note 37.

[3]) Vergl. unten § 9, Ziff. 1 a—d.

[4]) Vgl. unten § 8.

[5]) Die bekannten Klagen über die Besitzlehre, welche seit dem Mittelalter bis auf Savigny und wiederholt seit Bruns R. des Bes. 1848 S. 462 ff. hervortraten, haben sich in neuester Zeit bis zu einer Negation jeder bisherigen Lösung des vermeintlich römischen Besitzbegriffes gesteigert. Insbesond. bei Meischeider, Besitz und Besitzesschutz 1876: „Das Wesen des röm. Besitzes und des röm. Besitzesschutzes einheitlich zu bestimmen, ist noch nicht gelungen; eine einheitliche Rechtsidee, als deren Ausprägung der röm. Besitzesschutz angesehen werden kann, noch nicht gefunden. Vgl. auch E. I. Bekker, Münch. krit. Vierteljahrschr. Bd. 18, 1876, S. 21 ff.; näheres vgl. § 2, a unten.

[6]) Grünhut's Zeitschr., Wien, Hölder, Bd. VI, 1879, S. 397 ff. 559 ff. 694 ff.

Oeffentlichkeit überantwortet. Diese dürften näher ergeben, wie einzig wir selbst es sind, welche unsern eignen, uns angebornen Besitzbegriff in diese antike Lehre hineingetragen, wie die römische possessio in ihrer antiken Wirklichkeit niemals als Besitz und stets nur als das absolute und relative Eigentum des röm. jus gentium und das sog. bessere Recht auftritt, und wie demzufolge die Subsumtion unsres heutigen Besitzrechts unter den röm. Eigentumsbegriff der possessio wohl als der größte Irrtum, als das große Märchen unsrer Civiljurisprudenz sich erweisen dürfte. Die possessio ist in Rom dasjenige Eigentum, welches durch Besitz — corpore et animo domini — u. a. lediglich „erworben" wird, das Eigentum, dessen Titel (causa, wie das römische und, in dem Satze: possession vaut titre, auch das französische Recht richtig erfaßt), abgesehen von der justa causa: das bloße Factum des Besitzes ist, als dessen Klage neben den Interdikten die actio Publiciaria nachweislich sich ergibt, und welches — auch selbst als bloße sogen. possessio at interdicta — nach dem Zeugnisse eines Paulus[7]) noch immer „plus juris" oder wörtlich: das bessere Recht oder das Eigentum gegenüber demjenigen ist, welchem nicht einmal Besitz oder corpus und animus domini zur Seite steht. Niemals dagegen ist dieselbe der heutige Besitzbegriff.

Auf die dort niedergelegten, wie ich hoffe entscheidenden Beweise will ich hier zur Vermeidung von Wiederholungen wie auf etwas bereits festgestelltes lediglich verweisen. Nur am Schlusse dieser Einleitung werde ich auch noch für denjenigen, welchem Grünhut's Zeitschrift und meine frühere Beweisführung nicht sofort zur Hand steht, zur bessern Veranschaulichung wenigstens eine kurze Inhaltsübersicht der dort gebotenen wesentlichsten dogmatischen Eigentumsbeweise der possessio beifügen. — Steht aber so, wie ich hoffe, für uns überzeugend fest, daß die possessio ein „Eigentum" ist, dann ist wohl für uns hier auch die weitere Negative bereits erschöpft, daß diese possessio — ein Eigentum — nicht unser Besitz sein kann; und die Frage, welche für uns hier alsdann einzig zu lösen übrig bleibt, ist: „Was" ist denn alsdann unser heutiges Besitzrecht? — —

Die Aufgabe des Folgenden ist demgemäß: aus der bisherigen herrschenden, gemeinrechtlichen Besitzlehre, welche noch in einem

---

[7]) l. 2 D. uti poss. 43, 17.

bunten Gemenge die römischen Eigentumsbegriffe der possessio mit unsren germanischen Besitzbegriffen vermischt, die auch heute noch ewig wahren Begriffe des besseren Rechts und Eigentums der röm. possessio loszulösen. Gewissermaßen als verbleibender Rückstand wird sich alsdann der Begriff des heutigen deutschen Besitzrechtes in seiner Reinheit von selbst zeigen. Dieser ist so aus dem heutigen Rechtsleben, aus der heutigen positiven Gewohnheit und Ueberzeugung unmittelbar zu erfassen und „wiederzuspiegeln". Während die röm. possessio als eine römische „Eigentumsart" erscheint, wird das heutige Besitzrecht als das „Recht, eine fremde Sache faktisch zu besitzen": als ein jus in re aliena sich uns bewähren. Auf diese Weise wird sich uns zeigen, wie heimische Gewohnheit sowie unsre bisherige Mißdeutung der röm. possessio uns ein Institut von praktischem und dauerndem Werte in der That neu geschaffen hat; wie die Anerkennung dieses reinen heutigen deutschen Besitzrechtes in seinen verschiedenartigen Anwendungen — beispielsweise in dem deutschen Faustpfande, dem Retentionsrechte, dem Lehensträger, dem Besitzer unter Eigentumsvorbehalte eines Dritten, dem Depositar, Finder, Pächter, Miether, Commodatar ꝛc. — längst ein praktisches Bedürfniß war und ist, wie die Vergewaltigung unter die römische Lehre hier ganze bestehende, positive Rechtsverhältnisse ohne genügenden Rechtsschutz und teilweise rechtlos belassen hat.

Diese endliche Erfassung unsres wahren, gegenwärtigen Besitzrechtes aber dürfte heutzutage immer mehr gebieterisch an uns herantreten: auf positivem Gebiete wie namentlich auch drängend innerhalb der bevorstehenden Gesetzgebung. Sollte insbesondere die letztere gezwungen sein, das Märchen unsrer mittelalterlichen Besitzlehre — die Lehre, welche nach Bruns[8]) trostlos ist und gegen das Leben wie seine praktischen Anforderungen nicht ausreicht — nun auch wieder für unsre kommenden Generationen zu fixiren: sollte unser erstes nationales Civilgesetzbuch wieder das eigne deutsche Besitzrecht mißkennen und in seiner Entwicklung schädigen müssen! — Ja um so drängender dürfte das Bedürfniß nach einer Klärung eben jetzt an uns herantreten, als leider ohne genügende Klärung ein Ausfluß der geschichtlich wie logisch unmöglichen älteren Lehre, abgesehen von den modernen Partikular-

[8]) Bruns, Recht des Bes. 1848, S. 462 ff.

gesetzgebungen, nun auch bereits — herausgerissen aus dem Systeme des Civilrechts — in eine Stelle der deutschen Reichsgesetzgebung übergegangen ist: § 232 Abs. 2 der deutschen Civilproceßordnung von 1877 charakterisirt bereits unter den Fesseln der früheren Lehre wieder unsere Besitzklage als einen „Gegensatz vom Rechte", ein Satz, in welchem die Irrtümer der alten Lehre gipfeln, welchen erst kurz zuvor selbst E. J. Bekker als eine „Monstrosität" bezeichnet, und von welchem die moderne Ueberzeugung sich mehr und mehr als von einer Unmöglichkeit abwenden dürfte.[9])

Das Gewohnheitsrecht unseres heimischen Besitzrechtes nun allerdings wurzelt so tief und mächtig in dem Rechtsbewußtsein wie in dem Bedürfnisse unsres Volkes, daß seine Lehre im Grunde einer Darstellung bedarf: — nicht etwa, um dies Recht bei uns erst neuerdings einzuführen oder auch nur in Übung zu erhalten, sondern nur: — um dasselbe mehr und mehr zu klären, dessen ungestörte Erkenntniß und Entwicklung zu sichern und dessen Vorteile für das Leben um so rascher zu erschließen. Denn in der That: würde selbst heutzutage unsre Theorie und auch unsre Gesetzgebung dies unbewußt in unsrem Rechtsleben sich geltend machende Gewohnheitsrecht wieder verkennen, und würde die Gesetzgebung wieder mittels äußeren Machtgebotes die römische possessio als heutiges Besitzrecht uns diktiren wollen, so würde wohl sicherlich das in uns lebende Gewohnheitsrecht des Besitzes, sich selbst Recht verschaffend, wiederholt auch diese neuerliche Fessel durchbrechen und über ihr geschriebenes Recht in ähnlicher Weise den Sieg davontragen, wie dasselbe schon bisher das in der römischen Gesetzgebung gebotene vermeintliche reinrömische Recht der possessio über den Haufen geworfen. Hat ja doch selbst ein Savigny, indem er die römische possessio in ihrer Reinheit herzustellen vermeinte, nimmermehr diese römische Eigentumsart, sondern nur wieder den heimischen, germanischen Besitzbegriff gelehrt. Sein Erfolg war daher einzig, daß er die heimische Praxis des verflossenen Jahrhunderts eine Zeit lang hemmte und mehr, als zuvor, zurückdrängte, während diese

---

[9]) E. J. Bekker, krit. Vierteljahrsschrift 1876, Bd. 18, S. 14 f. — Neuerdings v. Canstein in Grünhut's Zeitschr. für d. Privat- u. öff. R. d. Gegenw. Bd. V, 1878, S. 723 ff.; (dagegen noch Randa ebenda Bd. VI, S. 465); ferner Kindler, Krit. Bem. in den Beiträgen von Rassow und Küntzel (Gruchot) 1877, 3. Folge I, S. 448 ff., S. 421, II. 1878, S. 50, 199, 536 2c.

bereits begonnen hatte, das deutsche Gewohnheitsrecht des Besitzes von dem römischen Rechte unabhängiger und freier aus sich selbst zu gestalten. Das aber, was Savigny lehrte, war in der Wirklichkeit nimmermehr eine possessio, sondern nur wieder der der heimische „Besitzbegriff", freilich vermengt und gestört durch Einmischungen von, dem Besitzrechte fremden Bestandteilen der römischen Eigentumslehre! — Ja dieser heutige Besitzbegriff ist bereits nicht blos bei uns allein positiv gegeben, sondern wohl bereits bei allen germanischen und romanischen Culturvölkern der Gegenwart; und wir stoßen in ihm so auf ein Institut, das — wir dürfen uns dessen mit berechtigtem Stolze rühmen — nicht etwa die antike Rechtsbildung der Römer auf uns vererbt, sondern in welchem umgekehrt wir Germanen es sind, welche die Mission der Bereicherung und Fortbildung des sonst großenteils von den Römern überkommenen Rechtes übernommen; wir stoßen in ihm auf ein Institut, mit welchem wir nicht allein unser eigenes deutsches Recht vorteilhaft bereichert, sondern welches wir auch bereits auf fremde Gebiete übertragen haben, selbst auf solche, welche dereinst den Römern zu eigen waren. Denn wo immer germanische Völker sich niedergelassen oder dauernd mit fremden Völkern in Berührung gekommen sind, werden sich Spuren dieses unsres Besitzrechtes verfolgen lassen. Bezüglich Italiens und Englands beispielsweise wird dies schon jetzt kaum bezweifelt[10]), und die gleiche Rechtsidee hat wohl auch Frankreich[11]) mit uns

---

[10]) Bezüglich Italiens vgl. cod. civile 694, 695 und Bruns Besitzklagen 1874, § 21, S. 227 mit Note 10; ferner art. 685, welcher dem franz. Rechte ähnelt. — Bezüglich der Eigentümlichkeiten des englischen Rechts vgl. m. das von Randa, bes. 2. Aufl. § 1 Note 13, b hervorgehobene Werk von Gundermann, englisches Privatrecht, 1864, bes. II. § 22, S. 309 ff., § 1, S. 141 ff. Namentlich dürfte der englische estate neben der seisin unsre Beachtung verdienen.

[11]) Ich wüßte nicht, wie unsre Jurisprudenz in art. 2228 des franz. cod. civ., und zwar in dem Satze: la *possession* est la „*détention*" ou la jouissance einen Einklang mit der röm. possessio wiederzufinden vermöchte. Freilich dürfen wir die noch ungeklärte Doppelnatur auch der französischen possession nicht verkennen, welche noch zwischen den Einflüssen des römischen Eigentumsbegriffes possessio und den germanischen Besitzbegriffen bald den letzteren, bald einen Eigentumsbegriff (z. B. eben in dem Satze: possession vaut titre) wiedererkennen läßt; auch in art. 2228 c. c. selbst wird der Besitzbegriff durch den zur Definition unmöglich passenden Zusatz: ou par un autre wieder getrübt; vgl. § 9, Z. 1, c. unten und § 4 mit §. 7, b.

gemein: bei keinem dieser Culturvölker besteht die römische possessio als Besitz zu Recht.

Ein von dem römischen verschiedenes, nationales Rechtsinstitut somit — wir können auf diese Weise nicht rechten, ob es da sein sollte: es ist in dem heutigen Besitzrechte gegeben und mit der Unanwendbarkeit des römischen Eigentumsbegriffes possessio durch unsre Gewohnheit unabhängig vom röm. Rechte positiv. Ja dieses scheinbar schwierigste Institut unsres Civilrechts, dieses aus der Theorie Savigny's für unser Volk unerfaßbare und vermeintlich fremdländische Recht, das Recht, dessen Schwierigkeiten bisher beispielsweise mit Grund als das vor allem unübersteigliche Hinderniß einer Beteiligung des Volkes an unsrer Civilrechtspflege selbst auch nur innerhalb der Thatfrage aufgeführt werden konnte — diese Besitzlehre kann jetzt wohl ihren Grundbegriffen nach, gleichviel, ob wir aus sachlichen Gründen eine Civiljury für unmöglich erachten werden, so unmittelbar aus dem Volks-Leben und Bewußtsein und zugleich so allgemein, selbst auch für den geschwornen Laien verständlich wiedergegeben werden, daß es einer Belehrung des Laien durch unsre gelehrte Jurisprudenz hier kaum bedürfen würde; eher vielleicht umgekehrt: dürfte ja doch vielleicht im Grunde dies heimische Gewohnheitsrecht schon bisher im Volksleben in Folge seiner unmittelbaren Anschauung der heimischen Rechtsgewohnheiten richtiger erfaßt worden sein, als von unsrer, durch eine herrschende ältere Rechtsschule von dem unmittelbaren Erfassen des Lebens des Rechts abgelenkten, gelehrten Jurisprudenz. Denn, wer aus dem Volke — welcher Laie — verstünde bei uns nicht schon längst vielleicht richtiger als unsre bisherige romanistische Jurisprudenz, was es bei uns bedeuten sollte, wenn an ein und derselben Sache dem Einen das Eigentum, dem Andern ein bloßer Besitz rechtlich zugestanden werden sollte?

Zur Erkenntniß dieses unsres heimischen Besitzrechtes somit, namentlich bei dem Fortschreiten der Arbeiten unsrer Civilgesetzgebung, möchte die vorliegende Skizze noch rasch nach Kräften beitragen können. — Damit glaubt der Verf. zugleich seinen Freunden ein Versprechen vollends lösen zu können, dessen Lösung derselbe seit den, in Note 2 allegirten Schriften, sowie unlängst auch in einem Juristentagsgutachten zugesichert.[12])

---

[12]) Vgl. mein Juristentags-Gutachten über die Frage: Soll das Eigentum nach dem d. bürgerl. Gesetzbuche durch Vertrag allein oder durch Tradition

Auf diese Weise glaubt der Verf. aber ferner jetzt vielleicht auch jene ernst-wissenschaftliche und hochverdiente Richtung mehr und mehr versöhnen zu können, welcher er dereinst in einem wissenschaftlichen Principe aus sachlich gebietenden Gründen entgegentreten zu müssen glaubte,[13]) und gedenkt derselbe in der Darlegung des Wesens des vermeintlich römischen Besitzrechtes einen neuerlichen Beweis zu bieten, wie praktisch unabweisbar die damalige Hinweisung auf die Notwendigkeit von Reformen in der Findung und Darstellung unsres heutigen positiven Rechts gewesen, und wie doch im Grunde derselbe damit selbst nur — seine eigne Pietät gegen Autorität unterordnend — höheren Geboten der Sache des Rechts wie der Notwendigkeit unterthänig gewesen ist. Denn dieselben Gegensätze, wie damals, werden sich in der heutigen Besitzlehre wieder notwendig zeigen und zu überwinden sein.

Die Darstellung der positiven Besitzlehre nämlich durch die ältere historische Schule und deren Haupt Savigny fußt zwar ohne Zweifel auf einer Geschichte; jene Geschichte aber, welche in der vorliegenden Lehre in der Wirklichkeit eine römische „Eigentumsart" possessio als heutigen „Besitz" wiedergab, dürfte eben deshalb kaum die wahre, positive Geschichte unsres heutigen Rechts sein können. Und da auch das heutige Gewohnheitsrecht des Besitzes unzweifelhaft auf einer Geschichte beruhen wird, so mußte eben deshalb wohl ein Unterschied zwischen „Geschichte und Geschichte" sein und damals gesucht werden. Der damals von mir angeregte Gegensatz zwischen positivem und nicht positivem Dogma ruht somit vor allem nicht außerhalb, sondern innerhalb der Geschichte, innerhalb der geschichtlichen Anschauung und Richtung im Allgemeinen. Von demselben Dualismus unsrer Rechtsdarstellung, innerhalb dessen zwei Richtungen — als herrschende Theorie und herrschende Praxis, als historische Schule und als Präjudicienpraxis — längst im Allgemeinen verschiedene Geschichte oder jede auf andere Weise ihr geschichtliches Recht als ein verschiedenes positives darstellen zu können vermeinten, innerhalb dieses Dualismus, welcher einerseits in Savigny's System und anderseits in

erworben werden? in den Verhandlungen des 14. deutsch. Juristentages Bd. I, Heft 2, 1878, S. 56 ff.

[13]) Vgl. die in Note 2 allegirten Schriften: Das praktische Bedürfniß der Rechtsreform gegenüber der historischen Schule, 1865, und: Zur Kritik der heutigen Negatorien- und Confessorienklage 2c., 1873; vgl. auch unten Note 15.

J. A. Seuffert's Archiv längst zur Darstellung eines systematisch verschiedenen Rechts im Allgemeinen geführt, konnte doch nur die eine Geschichte auch theoretisch als die wahre und positive sich bewähren. Dieser Dualismus also von Theorie und Praxis, welchen bereits Savigny selbst dereinst als das **Hauptübel** unsres Rechtszustandes bezeichnete,[14]) mußte endlich wissenschaftlich und generell gelöst und beseitigt werden, wenn nicht die Wahrheit unsrer Rechtsdarstellung auch für alle Folgezeit Schaden leiden sollte. Jene Gegensätze sind ja so alt, wie die Reception des röm. Rechts; sie würden sonst ungelöst insolange zum Schaden des Rechts wie des Rechtsuchenden fortbestehen, als irgend eine gelehrte Jurisprudenz vermeinen würde, das Recht sei nicht aus dem jeweiligen positiven Rechtsleben unmittelbar nach den jeweiligen Ausflüssen der Rechtsquellen zu erfassen, sondern irgend ein überliefertes oder fremdes Recht schon, wie etwa das römische, könne heute an sich schon positive Geschichte sein. Daß dieser Gegensatz zwischen romanistisch-historischer Richtung und einem lebenden Rechte der jeweiligen Praxis außerhalb des röm. Reichs von jeher bestand, wenn auch nicht in dem Grade verschärft, wie seit Hugo's und Savigny's Darstellung des reinen römischen Rechts, beweist uns ja zur Genüge schon ein flüchtiger Blick auf Savigny's eigne Geschichte des röm. Rechts in dem Mittelalter. Auch bereits neben einer Glosse, welche zuerst das reine römische Recht aus der Vergessenheit hervorzog, war in Italien bereits eine „praktische" Richtung entstanden, welche versuchte, den Bedürfnissen des wirklichen damaligen Lebens gegenüber der antiken römischen Rechtsauffassung gerecht zu werden. — Und die Aufgabe, diesen fortwährenden Gegensatz endlich wissenschaftlich zu lösen, diese unabweisbar notwendige Lösung, die bisher keinem der übrigen Culturvölker gelungen, welche sich in geschichtlicher Reihenfolge der Pflege des klassischen römischen Rechtes angenommen, — diese Ehrenaufgabe ist es somit, welche der deutschen Jurisprudenz vorbehalten erscheint; denn bisher wurde dieser Gegensatz wohl allerorts zwar durch die Gesetzgebung gewaltsam zerhauen, nicht aber wissenschaftlich gelöst, und deshalb drang sich mir früherhin das Bedürfniß auf, zu versuchen, das wissenschaftliche Princip der Findung und Darstellung des heutig wirklich positiven

---

[14]) Savigny, System Bd. I, Einleitung S. XXV.

Rechts — und damit diese Gegensätze zwischen Theorie und Praxis, zwischen Geschichte und Geschichte — endlich zu lösen, dasselbe Princip, welches vor allem in dieser Lehre wieder für uns präjudiciell erscheinen wird.

Ohne Zweifel war ja dereinst die Gründung der historischen Rechtsschule durch Hugo und Savigny ein mächtiger Fortschritt unsrer Civiljurisprudenz. Es verbleibt eine ewige Wahrheit, daß das positive Recht nicht aus subjektiver Willkür, sondern aus geschichtlich gegebenen Thatsachen und der jeweiligen Überzeugung des Volkes zu ersehen ist. Aber mußte diejenige geschichtliche Richtung nicht nichtsdestoweniger unwahr und selbst zum unpraktischen „Zerrbilde" werden, welche im Besitze wie im sonstigen Rechte die für uns gegebene positive Geschichte — das bei uns positiv Geschehende — regelmäßig schon in dem, was in Rom geschah, somit in einem anderen Zeitmomente und Orte fand, als in dem, was bei uns selbst in unsrer eignen Gegenwart geschieht? Die Geschichte ist niemals Stillstand, sondern rastlose Bewegung. Es galt also damals unzweifelhaft, die richtigere geschichtliche Basis im Principe uns im Allg. zum Bewußtsein zu bringen, welche jeweilig durch diese eben berührte Bewegung die positivere ist. Jede geschichtliche Rechtsdarstellung, auch die ältere historische, fußt zwar allerdings auf unveränderlichen äußeren Rechtsquellen, aus denen das positive Recht erfließt, insbes. auf Gesetz und Gewohnheit. Diese äußeren Grundformen der Rechtsströmung zwar sind wohl ewig unveränderlich, gleich etwa der Hülle und Leitung, aus welcher der lebende Quell erfließt. Aber das, was aus diesen Grundformen erfließt — das Product dieser Quellen — ist ein anderes in der römischen oder sonstigen Vergangenheit einerseits und unsrer Gegenwart anderseits. Neben der römischen Gesetzgebung erfließt namentlich im heutigen Rechtsleben ein reiches heimisches Gewohnheitsrecht; dieses letztere ist es, was die Präjudicien der Praxis eben uns vor allem stets von Neuem zu Tage fördern, sobald nur die Praxis selbst dies erfaßt. Diese Präjudicien aber finden sich seit Johann Adam Seuffert's Archiv in unzähligen praktischen Zeitschriften gesammelt, und deren gesammelte Entscheidungen bilden die, wenn auch nicht mit Gesetzeskraft ausgestatteten „Pandekten" eines heutigen positiven Civilrechts; ähnlich wie sich die Präjudicien einer wirklichen römischen Rechtsprechung und „Praxis" in den Pandekten des röm. corpus juris gesammelt vorfinden. Schon jetzt ergeben daher die Präjudicien aus Seuffert's Archiv und den sonstigen zahllosen praktischen Zeitschriften, wenn zu einem System verarbeitet, aus diesem Grunde notwendig an Principien wie einzelnen Rechtssätzen ein ganz anderes nationales System des Rechts, als das System Savigny's; denn Savigny hat einzig die Ausflüsse einer Gesetzgebung, die Aufzeichnungen eines reinen römischen, des canonischen Rechts und etwa der älteren Reichsgesetzgebung beachtet; in dem neben dieser Rechtsquelle stehenden heutigen Gewohnheitsrechte aber hat bisher die Praxis allein die Fortbildung unsres Rechts controlirt und dieselbe aufgezeichnet; dies Gewohnheitsrecht somit hat Savigny vollständig vernachlässigt. Savigny und die ältere historische Schule hat so eben deshalb nur halbe Wahrheiten des Positiven zu Tage zu fördern vermocht. Diese Schule ist groß durch das Verständniß der römischen und sonst überlieferten Geschichte; was ihr mangelt, ist das Verständniß einer unmittelbaren Erfassung unsres positiven Lebens: der „lebenden Geschichte" oder der Geschichte in ihrer Bewegung innerhalb der jüngsten momentanen Gegenwart und damit: des endgültig Positiven. Das Recht der Schule Savigny's ward so, wie wir im Besitzrechte ersehen, nicht selten ein von uns gelerntes und gelehrtes, nicht aber ein — von uns selbst — verstandenes.

Damit mußte vor allem die Basis des positiven Civilrechts, welche die ältere historische Schule fand, praktisch geradezu umgekehrt werden. Statt mit ihr das römische Recht schon principiell als positive Basis anzuerkennen und dasselbe eine Zeit lang in seiner Entwicklung durch das Mittelalter rc. zu verfolgen, mußte gerade umgekehrt gesagt werden: jede Geschichte zerfällt in zwei Pole: in eine Vergangenheit und in eine Gegenwart; und nicht der erste, sondern gerade umgekehrt der zweite dieser Pole: nicht irgend welche römische oder sonstige geschichtliche Vergangenheit ist im Principe schon positiv, sondern umgekehrt einzig die „lebende Geschichte", welche aus den positiven Ausflüssen der Rechtsquellen innerhalb der jeweiligen Gegenwart erfließt; positiv ist allein, was positiv geschieht oder was wir empirisch aus der Erfahrung der heutig gegebenen Ausflüsse der positiven Rechtsquellen der Gegenwart ersehen. Jene rein römische und sonstige Geschichte Savigny's dagegen kann uns, wo immer die positive Gegenwart von ihr abweicht, wohl die von uns niemals zu vernachlässigende und zu mißachtende Erklärung, das Motiv des geschichtlich Gewordenen bieten, das geschichtlich und positiv Gewordene selbst dagegen zeigt allein unsre Gegenwart: Darin, in dieser Verbindung von historischer Theorie und der Praxis, von Lehre und Wirklichkeit wird sich uns die höchste Vollendung der Erfassung eines positiven Rechts ergeben, und zugleich ein System unsres nationalen Rechts.

Bei solch' dualistischen Gegensätzen unsres gemeinen Civilrechts hat man auch wohl von jeher mit Grund gerade die Besitzlehre als die Musterlehre unsres heutigen Civilrechts bezeichnet. Ihr Verständniß ist in der That der Schlüssel zum Verständniß des röm. wie des heutigen Civilrechts überhaupt; in deren richtiger Darstellung bewährt sich und mit ihr steht oder fällt in der That die Berechtigung der jeweiligen Schule oder des jeweilig herrschenden Princips einer heutigen positiven Rechtsdarstellung. Derjenige, welcher sieht, wie diese eine Lehre eine unwahre ist, wie hier beispielsweise selbst ein röm. Eigentum als heutiger Besitz dargestellt ward, sieht wohl von selbst auch, daß die ganze Richtung, welche zu solcher Darstellung führen konnte, eine im Principe ungenügende und der Reform bedürftige sein mußte: denn ganz ebenso, wie dieses einzelne heutige Besitzrecht im deutschen Volke als ein ganz anderes positiv dasteht und lebt, als die herrschende Besitztheorie der älteren historischen Schule Savigny's, ganz ebenso lebt auch ein im Darstellungsprincipe anderes heutiges nationales Rechtssystem in praktischer und positiver Wirklichkeit, und noch manches andere Einzelinstitut mag daher in gleicher Weise positiv zu reformiren sein; ich habe darauf bereits früher in einer praktischen Zeitschrift hingewiesen.[15]) Diese Lehre somit vor Allem zeigt uns, wie wir unter der Herrschaft der älteren historischen Schule einer besseren historischen Richtung bedurften, welche Theorie und Praxis, Lehre und Leben vereint.

Aber auch diese principiell praktische Richtung des „positiven Rechts der Gegenwart", diese jetzt gebotene und neuere geschichtliche Richtung, welche ich zuerst im Jahre 1865 in meinem „praktischen Rechtsbedürfnisse der Rechtsreform gegenüber der

---

15) Vgl. meine Abhandlung: „Die heutigen Gegensätze zwischen Praxis und Theorie, sowie das positive, nationale Civilrecht in Deutschland" in der jurist. Wochenschrift (Organ des deutschen Anwalt-Vereins), Berlin, Möser, Bd. V, 1876, S. 9, 17, 25 ff.

(älteren) historischen Schule"[16]) betonen zu müssen glaubte, scheint jetzt bereits mehr und mehr die herrschende Überzeugung für sich gewinnen zu wollen, so daß wir hier bei dieser kaum mehr länger zu verweilen nötig haben werden. Mit Befriedigung ersehen wir ja, wie dem Satze, welchen ich ebenda dereinst S. 10 beispielsweise wörtlich aufgestellt: „Wir haben unsre historisch-romantische Periode im Rechte durchlebt, wir bedürfen nun einer realistischen", und manchem dort aufgestellten materiellen Principe bereits in einer musterhaften Form seitdem auch Ihering's „Kampf um's Recht" einen gleich beredten wie mit Beifall aufgenommenen Ausdruck verliehen,[17]) wie diese Anschauungen seitdem einen Triumphzug um die juristische Welt angetreten, welchen das Werk des schlichten Praktikers nicht zu beanspruchen vermöchte; schon sehen wir seitdem ferner eine geachtete Zeitschrift, wie Grünhut's Zeitschrift für das Privat- und öffentliche Recht der Gegenwart,[18]) dasselbe „Recht der Gegenwart" als Programm auf seinen Titel setzen, welches ich ebenda im Jahre 1865, S. 118—119, an der Stelle von Savigny's Geschichte wörtlich als das allein maßgebende positive Recht bezeichnet. Ja, fast scheint es, als wolle in unsrer Theorie das andere Extrem, eine geradezu pessimistische Anschauung die Oberhand gewinnen, etwa als ob die Praxis allein im Stande sein sollte, dies lebende positive Recht richtig zu finden, und als ob die Theorie so dieser Praxis geradezu nachzuhinken hätte; und doch ist dem nicht so und dürfte es wohl am Platze sein, nun auch unsrer Theorie hier kurz einige gegenteilige Worte der Ermutigung zuzurufen.

Auch sie ist mit unsrer Praxis unzweifelhaft gleichmäßig berufen, an der Darstellung eines heutigen nationalen Rechts Teil zu nehmen und so einen edlen, den edelsten Wettstreit zu beginnen. — Denn auch unsre Praxis ist ja an sich nicht Rechtsquelle; sie ist nur die Anwendung der Produkte der Rechtsquellen, insbesondere des Gesetzes und des Gewohnheitsrechts. Nur wenn die Praxis diese letzteren richtig anwendet, zeigt sie wahres positives

---

16) Oben Note 2.

17) Ihering, Kampf um's Recht, erste Auflage, 1872; vgl. u. a. 5. Aufl. S. 11 2c.

18) Wien, Alfred Hölder, Bd. I. 1874.

Recht. Diese Beachtung und Prüfung der sämmtlichen Rechtsquellen aber ist sicher großenteils ebenso unsrer Theorie wie der Praxis ermöglicht. Gerade die Entdeckung der possessio beispielsweise und die Darstellung des heutigen nationalen Besitzrechtes ist im Gegenteil vorwiegend das Ergebniß theoretischer, nicht blos praktischer Studien, und an ihr hat neben der Praxis sich bereits die Theorie: Bruns u. A., mit Vorteil beteiligt, indem sie das moderne Detentionsrecht erfaßten. In dem Momente nämlich, wo die Erforschung der Geschichte der röm. Gesetzgebung uns zeigt, daß die römische possessio niemals ein bloßer Besitz, sondern ein antikes Eigentum war, weiß der deutsche Lehrer des Rechts wie der Praktiker, daß unser Besitz kein römisches, vielmehr ein heutiges nationales Recht ist. Denn jeder Jurist wie Laie unsrer Gegenwart weiß ja, daß der heutige Besitz kein Eigentum sein kann. Und diese Vorfrage eben: was war historisch die römische possessio? diese zu lösen war ohne Zweifel weit eher unsre Theorie als unsre Praxis in die Lage versetzt.

Diese Principienfragen somit des Rechts der „Gegenwart" sind es, welche die heutige Besitzlehre wieder beleben und leiten. — Aus diesem Motive beantworte ich hier daher zugleich die heutzutage in der Besitzlehre so wohlberechtigte Frage: Warum bei der Superfötation unsrer bisherigen Besitzlitteratur nach dem Ausdrucke Ihering's nochmals eine Abhandlung über den Besitz? — Darauf die Antwort: — Weil das praktische heutige positive Besitzrecht trotzdem bis zur Stunde noch nicht in einer Aufzeichnung existirt, sondern einzig jene Vergewaltigung der heutigen Besitzlehre unter einen römischen antiken Eigentumsbegriff, und weil das positive Besitzrecht demzufolge erst aus den Gewohnheiten des deutschen Volkes der Gegenwart neuerdings wiederzuspiegeln und juristisch zu construiren sein wird. Aus demselben Grunde aber freilich, weil es sich hier zum Teil um Schilderung heimischer Rechtsgebiete handelt, welche trotz aller bisheriger Überwucherung der Besitzlitteratur noch kaum jemand betreten hat, glaube ich zugleich anderseits eine wohlwollende Nachsicht des Lesers hier ganz besonders mir erbitten zu dürfen. — —

Was die äußere Anordnung des Stoffes anbelangt, so werden wir, weil der Begriff des heutigen Besitzrechtes wie gesagt erst von dem vermeintlichen Begriffe der röm. possessio innerhalb der herrschenden Besitzlehre losgetrennt werden muß, uns hier wohl die Begriffe: „römische possessio und heutiges Besitzrecht" fortwährend gegenüberstellen müssen.

Inhaltsübersicht über die früher vom Verf. veröffentlichten dogmatischen Beweise für die Eigentumsnatur der röm. possessio

in Grünhut's Zeitschrift für das Privat- und öffentliche Recht der Gegenwart. Wien, Hölder, Bd. VI, 1879, S. 408, 559, 694 ff.

I. Die gesammte bisherige röm. Rechtsgeschichte[19]) erkannte als unzweifelhaft an, daß die possessio in Rom vor Justinian ein „Eigentum" am ager publicus, der Provinz, der Peregrinen und das sogen. bonitarische Eigentum war. Es ist aber ein Ding logischer Unmöglichkeit, daß dies anerkannte Eigentum, ein und dasselbe Institut, dogmatisch nach Justinian an sich und zudem ohne jede äußere Veranlassung plötzlich der vom Eigentume grundverschiedene Besitz hätte werden können! — Es ist ferner ein Ding logischer Unmöglichkeit, daß dieser Eigentumsbegriff der possessio, auch wenn er in der Abstufung als Publicianisches Eigentum und sog. possessio ad interdicta nicht mehr absolut, sondern nur relativ, nur gegenüber einzelnen nicht besser Berechtigten wirksam ist, dadurch dogmatisch aufhören sollte, wenigstens diesen weniger oder gar nicht Berechtigten gegenüber Eigentum zu verbleiben.

II. Die causae des Eigentumserwerbes: die causae pro empto, donato etc. bezeichnen die römischen Quellen als causae nicht blos possessionis, sondern *possidendi*, und als die causae, aus welchen wir die possessio erlangen.[20]) Das aber, was wir aus einer justa causa des Kaufes ꝛc. corpore et animo domini erwerben, wird unmöglich ein bloßes „Factum" des Besitzes sein!

III. Die possessio, welche aus einer justa causa des Eigentumserwerbs erworben ist, also ein offenbares und absolutes Eigen-

---

[19]) Vgl. u. a. Savigny, R. d. Bes., 6. Aufl.; im Allg.: § 8, S. 106 mit Note 1, § 5, S. 25 Note 1 und specieller §§ 9 und 12 a, S. 116, 117, 216—220, Syst. II. S. 336. — Puchta, Curs. der Inst. I. §§ 40, 57, 68, 69, 121—2; II. §§ 226—7, 235, Note e.

[20]) Grünhut's Zeitschrift VI, S. 559, Note 2; bes. l. 17, D. 6, 2; l. 28, D. 9, 4; — l. 7, § 3, D. 10, 3; — l. 3, § 21, D. 41, 2; l. 3, § 4 eod. ꝛc. ꝛc.

tum, bezeichnet die römische Jurisprudenz in l. 3, § 21 D. de poss. nur als eine Species der possessio überhaupt. Wenn aber dies absolute Eigentum mit der sonstigen possessio ad interdicta etc. nur eine Art derselben possessio ist, so kann doch unmöglich diese kein Eigentum und nur eine Thatsache des Besitzes sein.

IV. Das vorjustinianische bisher so genannte bonitarische Eigentum besteht nach zahlreichen Zeugnissen[21]) der röm. Quellen auch nach Justinian noch in dessen Compilation unverändert fort; dasselbe war aber von jeher nichts anderes, als die röm. possessio, und ist nur eine Umschreibung derselben; dasselbe bezeichnete nur das „Eigentum", welches im Vermögen (in bonis) nach jus gentium befindlich erachtet wird, im Gegensatze zu dem civilen patrimonium.

V. Die römischen Juristen besagen uns direct, daß der Begriff der *proprietas*, ein anerkannter Eigentumsbegriff, in dem Begriffe der röm. *possessio* enthalten sei: "item, qui solam *proprietatem* habet, *possessor* intelligendus.[22a])

VI. Noch in der Justinianischen Compilation existiren Fälle, in welchen der *possessor* über den *dominus* obsiegt;[22b]) wie sollte die possessio begrifflich etwas geringeres sein können, als das ihr unterliegende sonstige Eigentum?

VII. Die bisher als noch nicht entdeckt erachtete *actio* des *possessor* — der bestrittene und berüchtigte sogen. unus casus[23]) der Institutionen — ist nichts anderes, als die im Contexte der Institutionenstelle selbst genannte Publiciana. Unmöglich ist dann aber das, was die Publiciana actio erstreitet und beschützt, ein „Factum" des Besitzes!

VIII. Sämmtliche Erwerbarten des Justinianischen dominium sind unter Justinian zugleich auch Erwerbarten der possessio; und umgekehrt wird die possessio zum Teil auch „ohne jede Besitz-

21) Grünhut's Zeitschr. VI, S. 565 ff. § 5 mit den Noten. M. vergl. z. B. l. 52, D. de a dom. 41, 1 rc. rc.

22a) l. 15, § 1, D. qui satisdare 2, 8.

22b) Ebenda VI, S. 570 ff. § 7 mit Note 2; z. B. l. 24, D. 44, 2; l. 22, D. 21, 3; l. 28, D. 9, 4; l. 27, § 1 in f. eod.; l. 18, § 15, D. 39, 2 (mit l. 155, § 16 und 17 eod.); l. 63, D. R. V. 6, 1; c. 2 C. 4, 19, § 4 J. 4, 6; l. 31, D. 4, 66; l. 57, D. 17, 1; l. 16, D. 6, 2 rc.

23) § 2. J. de act. 4, 6; vgl. meine Ausführung in Grünhut's Zeitschr. VII, S. 572 f. § 8.

übertragung" erworben.[24]) Wie sollte also der possessor Besitzer sein, wenn er nicht einmal unumgänglich des Besitzes bedarf?

IX. In den wichtigsten Gesetzen der Just. Compilation, vor allem in denen, welche die Vereinigung des civilen und des im jus gentium entstandenen römischen Eigentums betreffen, erklärt Justinian direct, daß sein Eigentum die possessio und daß diese dem dominium gleichgestellt sei.[25]) Die Pandektentitel ferner de acquir. dominio et possessione erschöpfen nicht einmal einzeln, sondern nur zusammen die Justinianische Eigentumslehre; die Institutionen vereinigen bereits vollständig die Lehre von possessio und dominium, und im Codex vollends ist die Lehre des dominium überhaupt nur mehr unter dem Titel de possessione zu finden! Auch die Klagen des dominium und der possessio, die Publiciana und vindicatio, erschienen unter Just. ausgeglichen. Überdies ergeben eine Unzahl von Einzelstellen die Identität von possessio und Eigentum. Sie ergeben zugleich aber auch die Absurdität der Annahme, die abusive Ersetzung des Wortes Eigentum durch Besitz, — welche erst bei uns dadurch entstand, daß man hie und da in Einzelanwendungen ersah, die römische possessio müsse denn doch ein Eigentum sein, dieser lediglich bei uns entstandene abusive Sprachgebrauch — könne einen Beleg dafür bieten, als ob auch die Römer das Eigentum mit Besitz bezeichnet hätten und daß die possessio aus diesem Grunde doch nur ein Besitz sei. — Ein Besitzrecht, welches durch eine selbständige dingliche Klage geschützt gewesen wäre, haben die Römer überhaupt noch nicht gekannt! —

Der einzige wirklich verbliebene Unterschied zwischen dominium und possessio ist, daß Justinian regelmäßig das dominium als das absolute, die possessio dagegen sowohl als das absolute, wie als das relative Eigentum oder bessere Recht (plus juris) verwertete. Alle anderen Gegenbeweise aber, aus welchen man darthun will, die possessio sei ein Besitz, enthalten zum Teil grobe geschichtliche Irrtümer; so insbesondere die Annahme, die Römer wollten dadurch, daß sie ihre possessio als *factum* bezeichnen, (ähnlich wie sie von einer actio, formula, exceptio in „factum concepta" sprechen) besagen, diese possessio sei ein

---

[24]) Grünhut's Zeitschr. VI, S. 578 ff., § 9.

[25]) Ebenda VI, S. 582 ff., §§ 10 und 11.

bloßes Factum im heut. Sinne, eine Thatsache und kein Recht! Das Wort factum ist in Rom ein technisch-juristischer Ausdruck, welcher besagt, daß ein Rechtsverhältniß nicht dem jus civile, somit etwa dem jus gentium, honorarium etc. angehöre.[26]) — Auch die sonstigen heutigen irreführenden Begriffe der possessio sind im röm. Rechte unbegründet; so insbesondere der Begriff eines sogenannten „Eigentumsbesitzes", Savigny's Recht „des Besitzes"[27]) rc.

---

[26]) Ueber den römischen Begriff des Wortes factum vgl. meine Ausführung in Grünhut's Zeitschrift VI, S. 702, § 13, 1; insbes. auch die Noten 2—3 ebenda S. 705—6.

[27]) Ebenda S. 720, § 21 und S. 722, § 22. Vgl. auch unten § 3, Z. 1.

A. Allgemeiner Teil.

I. Die wirklichen, geschichtlichen Grundlagen, aus welchen die bisher herrschende Besitzlehre construirt wurde.

a. Die römische possessio als eine röm. Eigentumsart und deren Verschiedenheiten von dem Besitze.

§ 2. Die römische possessio ist, wie ich bereits seit 1865 und 1873 wiederholt in der Öffentlichkeit behauptet[1]) und neuerdings zu beweisen versucht,[2]) nicht Besitz, sondern das, durch Besitz oder corpus mit animus domini lediglich „erworbene" absolute und relative röm. Eigentum: sie ist unter Justinian der Gattungsbegriff des röm. Eigentums geworden, welcher, als absolutes und relatives Eigentum, zugleich das absolute Justinianische dominium in sich schließt.

Die geschichtlichen Verhältnisse, wie die Römer in die Lage kamen, neben ihrem dominium noch eines zweiten Eigentumes: — des duplex dominium eben dieser possessio, — zu bedürfen, und wie es kam, daß so dominium und possessio als gleichbedeutende Eigentumsbegriffe neben einander fortbestehen mußten, ohne daß der letztere Begriff etwas anderes als Eigentum und vollends ein Besitz sein konnte, wollen wir hier kurz einigermaßen überblicken. Dabei lasse ich die weitere Geschichte der antiken possessio bis in die Wiegenzeit Roms, welche ich vollendet vor mir liegen habe, vorläufig vollständig bei Seite; hier gilt es lediglich, einen kurzen Überblick für das, im corpus juris überlieferte Recht Justinian's zu gewähren.

---

[1]) Vergl. meine oben § 1 Note 2 allegirten Schriften.

[2]) Grünhut's Zeitschr. Bd. VI, Heft 2, S. 397—411, Heft 3, S. 559—592, Heft 3, S. 694 ff.

Die Römer bedurften eines doppelten Eigentumes. In Rom galt nämlich nicht, wie bei uns, das Princip des sogen. territorialen Rechtes;[3]) das ist, es galt dort nicht, wie bei uns, in jedem bestimmten Territorium nur ein und dasselbe Privatrecht für alle dort befindlichen Personen, gleichviel welchem Staate und Volksstamme sie angehörten: Vielmehr bestand dort das sog. Princip der persönlichen Rechte; d. i. es lebte dort jede Person, gleichviel ob auf dem eigenen oder fremden Territorium, nach dem ihr angebornen und ihr anhaftenden Stammesrechte fort. Gleichwie beispielsweise im Mittelalter[4]) noch der Römer nach römischem, der Longobarde und Gallier nach lombardischem und gallischem Rechte beurteilt und gerichtet wurde, so bestanden auch im antiken Rom besondere persönlich-partikulare Rechte, nämlich: 1) ein Partikularrecht für die römischen Staatsbürger oder cives, das jus civile, 2) Partikularrechte für die Bürger der einzelnen civitates der Provinz, das jus proprium civitatum, und 3) neben diesen partikularen Rechten bestand ein vermittelndes internationales und gemeines Recht für den Verkehr der einzelnen Abstammungen unter sich: das *jus gentium*. Wie nun für diese einzelnen, persönlich gegliederten Volksabstammungen ein gesondertes Rechtssystem im Allgemeinen bestand, so bestand für sie auch je ein besonderes Eigentum: das Eigentum eben der röm. cives war das civile dominium ex jure Quiritium; das der Provinz wie das Eigentum des gemeinrechtlichen jus gentium dagegen war: die *possessio*, welche auch hie und da mit der Bezeichnung „in bonis“, d. i. im Vermögen nach jus gentium, im Gegensatz zum civilen „in patrimonio“, umschrieben ward. — Diese possessio als Eigentum des gemeinrechtlichen jus gentium war es, welche cives wie Nicht-cives, Latinen, Peregrinen ꝛc., die in Folge des Mangels eines commercium des civilen dominium ex jure Quiritium nicht teilhaftig werden konnten, erst befähigte, im gegenseitigen Verkehr, im Handel und Wandel, gleichwol ein Eigentum zu erwerben.

Auf diese Weise konnte jeder Römer, gleichviel ob civis oder Fremder, ein doppeltes Eigentum erwerben: das seines Stammes

---

[3]) Vgl. hierüber u. a. Puchta, Pand., § 112, und Puchta, Vorlesungen, § 112, Z. 1.

[4]) Eichhorn, deutsche Staats- u. Rsgesch. Th. II, §§ 265, 336; vgl. Savigny, Gesch. des röm. Rs. im Mittelalter, Bd. I, § 30, Note 10, S. 116.

wie das gemeinsame des jus gentium; den Ausdruck hierfür: „duplex dominium“ hat uns Gajus noch überliefert.[5])

Ähnlich indeß, wie die heutige deutsche Civilcodification partikulares und gemeines Recht zu vereinigen hat, erfüllte auch die Justinianische Gesetzgebung im römischen Reiche die Mission, das dortige partikuläre Recht mit dem dortigen gemeinen Rechte des jus gentium zu vereinigen. Auf diese Weise wurde auch das römische duplex dominium der gemeinrechtlichen possessio im corpus juris von Justinian mit dem partikulären, civilen dominium ex jure Quirit. „compilirt“. Dessen Namen aber blieb dessenungeachtet als ein gleichbedeutender Doppelname des Eigentums ganz ebenso in der Compilation Justinian's stehen, wie dieselbe Gesetzgebung ja auch noch viele andere Doppelrechte des jus civile und gentium in ganz oder teilweise gleichbedeutenden und gleich wirksamen Namen und Begriffen neben einander fortbestehen ließ; z. B. das civile legatum neben den den Peregrinen entlehnten Fideicommissen; die civile usucapio neben der longi temporis praescriptio; zahlreiche interdicta (des jus gentium) neben analogen civilen und sonstigen actiones. In völlig analoger Weise hörte jetzt auch das Wort possessio keinesfalls auf, ein mit dem civilen dominium identisches Recht zu sein. Nur der einzige Unterschied, wie gesagt, verblieb, daß Justinian den Ausdruck dominium jetzt regelmäßig für das absolute Eigentum allein, den Namen possessio dagegen: sowohl für das absolute Eigentum oder die ex justa causa erworbene possessio, als für das relative Eigentum der possessio, deren Klagen die Publiciana und die Interdicte waren, verwertete, mit a. W., daß so das Wort possessio der „Gattungsbegriff“ des Justinianischen Eigentums wurde, welcher auch das absolute dominium in sich faßte.

Das Verständniß dieses in der ganzen römischen Geschichte bis auf Justinian eine hervorragende Rolle spielenden antiken Eigentums nun der possessio mußte allmälig aus der Erinnerung späterer Jahrhunderte schwinden und entschwand in dem Momente, in welchem dessen lebendige Übung, dessen Gegensatz gegenüber einem zweiten, civilen Eigentume, das verschiedene persönliche Recht der cives und Peregrinen, die Unterscheidung der Sachen

---

5) Ueber den Ausdruck *duplex dominium* vgl. Gajus I, § 54 mit II,

in res mancipi und nec mancipi, Italischen und Provinzialboden sich verwischte. Vollständig war dies seit Justinian's Gesetzgebung der Fall. Von da an wurde ohne Frischerhaltung der Erinnerung und ohne Wiederauffindung jener antiken Gegensätze die im röm. Rechte überlieferte possessio das Rätsel, an dessen Klärung der Wetteifer der Nationen, welche der Reihe nach die Pflege des röm. Rechts übernahmen, fruchtlos zerschellte. — Der noch zur Zeit Justinian's lebendige Eigentumsbegriff der possessio ward so bereits im Orient aus dem Gedächtnisse verloren. Denn bereits ein Scholiast[5a]) des Theophilus, des Mitredaktors von Justinian's Institutionen, suchte die auf diese Weise gleichfalls aus dem Gedächtnisse der Zeit entschwundene actio des possessor, die Publiciana, vergeblich, jene später unter dem Namen des unus casus berüchtigt gewordene actio in § 2 J. de act. 4, 6, welche gleichfalls noch unter Just. als actio des possessor geübt wurde. Daraus folgt, daß jener Zeit auch bereits der Begriff der possessio fremd geworden sein mußte. Ebenso waren diese Begriffe bereits dem Brachylogus[5b]) fremd. Noch mehr mußte dieser ausschließliche Eigentumsbegriff der possessio aber bereits den Romanisten des Occidentes abhanden gekommen sein. Vor allem war dies bereits bei der Glosse der Fall. —

Die wiederauflebende geschichtlich-romanistische Jurisprudenz der Neuzeit erkannte bereits für die Zeit vor Justinian die römische possessio als ein Eigentum an:[6]) als ein Eigentum am ager publicus, als das Eigentum an dem röm. Provinzialboden, — somit als das Eigentum in dem bei weitem größten Teile des röm. Reiches; — ferner als Peregrinen- und als sog. bonitarisches Eigentum oder Eigentum nach jus gentium. — Für die Zeit nach Justinian indessen hat die Neuzeit ohne jede logische Gedankenverbindung plötzlich wieder diesen bisherigen Eigentumsbegriff der possessio einfach und großenteils verlassen, und ohne logische und gesetzliche Berechtigung, selbst ohne auch nur irgend einen Beweis zu fordern, nahm man von da an die petitio principii — das überlieferte germanische Märchen — gläubig hin:

[5a]) Vgl. die Note von Fabrot in der Ausgabe des Theophilus von Reitz, S. 788.

[5b]) Brachylogus lib. IV, cap. 23, § 2, vgl. edit. Böking, Berlin 1829, S. 166—167.

[6]) Vgl. oben § 1 Note 19.

dieselbe possessio, welche man vor Justinian als geschichtliches Eigentum anerkannte, müsse nun plötzlich unser heutiger, vom Eigentum doch systematisch verschiedener, Besitzbegriff sein. — Auf diese Weise konnten auch jetzt noch freilich vielfältige logische[7]) Widersprüche nicht ausbleiben. So mußte man auch jetzt noch in unzweifelhaften Fällen erkennen, daß diese possessio ein Eigentum sei; beispielsweise mußte man auch jetzt ersehen, daß eben diese, animo „domini" erworbene possessio bei dem originären Erwerbe der freien Güter, bei der occupatio von res, quae terrae, mari caeloque capiuntur[8]), bei res derelictae, der insula in flumine nata etc. notwendig nur Eigentum, niemals bloßen Besitz erzeugen konnte. So erkannten selbst unsre Pandektenlehrbücher die nämliche possessio in der bonae fidei possessio, dem Publicianischen, dem prätorischen Eigentume des missus in possessionem ex secundo decreto, in der bonorum possessio contra tabulas etc. auch jetzt noch als Recht und zum Teile selbst als absolutes Eigentum an, welches sie anderwärts als bloßen Besitz darstellten. So konnte man endlich u. a. beispielsweise ersehen, wie Justinian[9a]) einen possessor oder quasi-possessor proprietatis, ususfructus, hereditatis abwechselnd als dominus oder quasi-dominus proprietatis, ususfructus, hereditatis bezeichnete ꝛc. In diesen einzelnen Fällen also mußte man auch jetzt noch anerkennen, daß die possessio noch immer ein Recht und Eigentum sei. Im Übrigen aber hielt man trotzdem an der vorgefaßten Meinung fest, dieselbe possessio müsse nun einmal unser heutiger Besitz, und dasselbe Institut, welches hier Eigentum und Recht ist, könne in andern Fällen nicht einmal ein Recht, sondern das bloße Factum des Besitzes im heutigen Wortsinne sein!

Diese absolute und relative Eigentumsnatur der possessio nun glaube ich durch die frühere dogmatische Beweisführung in Grünhut's Zeitschrift zur Genüge nachgewiesen. Hier bedarf es deshalb nur noch einiger Aufklärung 1) bezüglich deren Verschiedenheiten vom heutigen Besitzrechte und dem blos factischen Besitze und 2) bezüglich deren Functionen als relatives Eigentum.

---

7) Vgl. unten § 9 Ziff. 1 a—e.

8) Vgl. z. B. l. 1 §. 1, l. 3 § 14 ff. D. de a poss. 41, 2 mit § 12 ff. J. de rer. divis. 2, 1 und l. 1 § 1 bis l. 35 D. de a dominio 41, 1.

9a) Vgl. § 2 Note 39 unten.

1. Nach der ersten Beziehung ist soviel richtig, daß allerdings die römische possessio sowohl als das heutige Besitzrecht mit dem factischen Besitze so manche Anklänge gemein haben. Aber identisch ist keiner dieser drei Begriffe! — Bei dem heutigen Besitzrechte beispielsweise ist der factische Besitz stets Erwerbgrund; denn das deutsche Besitzrecht wird neben dem animus, zu besitzen, stets durch den factischen Besitzerwerb erworben; und ebenso ist bei der römischen possessio das corpus und der factische Besitz wenigstens häufig, wenn auch keineswegs ausschließlicher, Erwerbgrund; denn die römische possessio wird beispielsweise bei dem constitutum possessorium, zum Teil bei der longa manu traditio und bei allen letztwilligen Zuwendungen ganz ohne Erwerb des factischen Besitzes[9b]) erworben. — Anderseits ist das Recht zu besitzen bei dem deutschen Besitzrechte sogar der ganze factische Inhalt des Rechts; denn das deutsche Besitzrecht enthält nichts, als das Recht, factisch zu besitzen; und das Eigentum der possessio wie jedes Eigentum enthält wenigstens neben den sonstigen Eigentumsbefugnissen „auch" dies Recht, factisch zu besitzen, wenn auch nicht dies Recht allein; denn der factische Inhalt des Eigentums ist außer dem Besitze der Sache ohne Substanzveränderung auch noch: die Verfügung selbst über die Substanz, die Veräußerung, Vernichtung dieser Substanz, der volle Fruchtgenuß ꝛc.[10]) — Insofern also enthalten allerdings die beiden Institute: sowohl die röm. possessio als das deutsche Besitzrecht erhebliche Anklänge an den factischen Besitz. Aber identisch mit ihm ist nichtsdestoweniger keiner dieser Begriffe. — Der Unterschied der possessio vielmehr von den beiden Begriffen des deutschen Besitzrechtes und des factischen Besitzes besteht eben darin, daß die possessio teils absolutes, teils relatives „Eigentum", daher nicht factischer Besitz und auch nicht deutsches Besitzrecht ist; denn das letztere ist kein Eigentum, sondern, wie wir in § 2, b. näher ersehen werden, ein jus in re (aliena), der erstere aber ist überhaupt kein Recht. Darin liegt somit zugleich der entscheidende Unterschied insbes. zwischen possessio und Besitzrecht. Der possessor will stets das Recht, die Sache als eine eigne und als Eigentum zu haben, das deutsche Besitzrecht dagegen will nur das Recht, eine fremde Sache factisch

9b) Vergl. § 12 Text zu Note 6—9 und § 9 Ziff. 3.

10) Vergl. § 2, b, Text zur Note 35—37.

zu besitzen, nie ein Eigentum; ersterer will absolutes und relatives Eigentum, letzteres ein jus in re.

2. Nach der zweiten Beziehung, bezüglich der Functionen der röm. possessio als Eigentum, ist aufzuklären, daß allerdings der Eigentumsbegriff wie die Eigentumsfunctionen, welche wir in der wirklichen possessio kennen lernen, andere und daß diese Functionen beweglichere sind, als bei unsrem heutigen Eigentumsbegriffe. Die röm. possessio nämlich erweitert den zufällig bisher bei uns allein noch geläufigen Begriff des Eigentums, welcher bei uns in Deutschland übrigens selbst erst in den letzten Jahrhunderten des Mittelalters auftauchte, d. i. den Begriff des „absoluten" Eigentums nach einer Seite hin, welche unsrer Auffassung z. B. noch ungewohnt erscheint. Diese possessio ist und wirkt nicht blos als eben dieses, nach unsren heutigen Begriffen gegebene Eigentum absolut oder: gegenüber jedermann; sondern sie wirkt zugleich als ein nur relatives Eigentum.[11]) — Ein relatives Eigentum ist dasjenige, welches nicht gegenüber jedem, nämlich nicht in Bezug auf einen absoluten und besseren Eigentümer, sondern nur in Bezug (Relation) auf Dritte nicht besser Berechtigte, als der relativ Eigentumsberechtigte selbst, als Eigentum wirkt und obsiegt. — Das Eigentum nämlich der röm. possessio überhaupt wirkt dogmatisch: 1) primär mittels der reivindicatio, wenn die possessio ex justa causa erworben ist, gegenüber jedem Dritten; — diese erste, absolute Art der possessio ist es, welche seit Justinian dem civilen dominium gleichgestellt ist; — 2) eventuell obsiegt es mittels der Publiciana, wenn die possessio mittels sogen. putativa causa, und 3) subeventuell mittels der Interdicte des possessor, wenn diese possessio ohne justa und putativa causa, d. i. wenn dieselbe, wie das franz. und das röm. Recht besagt, auf den „Titel" des bloßen factischen Besitzes hin oder corpore et animo domini allein erworben ist; alsdann gilt der Satz ausschließlich: possession vaut titre.[12])

Jede dieser einzelnen Abstufungen des Eigentums der possessio nun obsiegt über die folgende und unterliegt der voraus-

---

[11]) Vgl. unten § 7, b.

[12]) Art. 2279 Cod. civ. Dieser Titel ist in der Regel ein relativer, abgesehen von dem originären Erwerbe eines freien Gutes; hier ist derselbe zugleich Titel des absoluten Eigentumserwerbes; l. 2, D. pro suo 41, 40; vgl § 7, b unten.

gehenden. Die Stufe des Eigentums unter 1. bezeichnet somit das absolute, die Stufe unter 2. und 3. das nur relative Eigentum oder das relative „bessere Recht" (plus juris im Sinne l. 2 D. uti poss. 43, 17). — Selbst aber auch die niederste Stufe unter 3., die possessio ad interdicta, fungirt in ihrer relativen Anwendungssphäre bis herab zur niedersten Eigentumsstufe etwa des Diebes, nichtsdestoweniger noch immer als „Eigentum", nicht als Besitz, nämlich als Eigentum gegenüber nicht besser Berechtigten. Denn es ist ein Eigentum beispielsweise noch „gegenüber" demjenigen, welcher nicht einmal factischen Besitz oder corpus, sondern nur die Eigentumsprätention des animus domini allein aufzuweisen vermag; ferner ein Eigentum gegenüber dem, welcher zwar (corpore et animo) possessor ist, aber sein Recht von dem vitiosus possessor selbst wieder vitiose ableitet;[13]) d. h. es bewirkt lediglich, daß dem Diebe beispielsweise das Gestohlene nicht wieder gestohlen werden darf; dem Berechtigten gegenüber ist es kein Eigentum. Es ist so, wie die Römer besagen, ein Eigentum lediglich adversus ceteros oder extraneos,[14]) ein in höchst begrenzter relativer Sphäre wirksames Eigentum.

Dieser Begriff des relativen Eigentums fällt schließlich hier mit dem bei uns üblichen Begriffe des sog. besseren Rechtes im Begriff vollständig zusammen. Denn fragen wir uns näher, „welches" Recht denn eigentlich das Recht sein werde, welches wir als das bessere bezeichnen, so wird sich uns kein anderes Recht ergeben, als ein Eigentum in Bezug oder Relation auf den nicht besser Berechtigten.

Wenn nun aber in der soeben vorgeführten Stufenfolge 1. „ein und dieselbe possessio" als possessio ex justa causa das absolute Eigentum ist, welche in der Stufenfolge 2. und 3. als possessio ad usucapionem und ad interdicta das relative Eigentum ergibt, so folgt wohl zugleich weiter, daß auf diese Weise jener **einheitliche Begriff** der röm. possessio endlich aufgefunden sein dürfte, welchen noch Meischeider[15]) in den bisherigen Besitz-

[13]) l. 2, l. 1 § 9 D. uti poss. 43, 17.

[14]) l. 53 D. de a poss. 41, 2; l. 2 D. uti poss. 43, 17.

[15]) Vgl. oben § 1 Note 5. Die Gründe, aus welchen nach E. J. Bekker (Münch. krit. Vierteljahrsschrift, Bd. 18, S. 23) die possessio oder deren Schutz sich nicht einheitlich construiren ließe, sind 1) die vitiosa possessio; deren re-

theorien mit Recht noch nicht als „entdeckt" bezeichnet; — jene Einheit, welche von dem Besitzstandpunkte eines Savigny, Bruns und Anderer wohl nimmermehr erreichbar sein wird; einfach deshalb, weil die Begriffe eines „Besitzes" und des „Eigentums" der röm. possessio an sich unvereinbar sind und deshalb auch in der Hand der besten Juristen unvereinbar verbleiben werden. — Sämmtliche verschiedene Stufen und Anwendungen der römischen possessio also sind in Wirklichkeit ein und derselbe „Eigentumsbegriff"; allen wohnt da, wo sie überhaupt Platz greifen, eine im Momente ihres Wirkens materiell gleich intensive Herrschaft, kurz ein wirkliches Eigentum, inne; auch das relative Eigentum des possessor ad interdicta wirkt demjenigen gegenüber, gegen welchen es überhaupt wirkt, als vollständige Herrschaft oder als Eigentum. Alle unterscheiden sich eben deshalb als einheitlicher Eigentumsbegriff — nicht dem materiellen Begriffe nach, sondern — nur äußerlich, und zwar nur:

a) durch die äußerliche Ausdehnung oder Begrenzung dieser nämlichen materiellen Herrschaft. Das absolute Eigentum des dominus oder possessor ex justa causa wirkt gegenüber jedem dritten Eigentumsprätendenten, das Eigentum des possessor ad interdicta und der Publiciana dagegen wirkt und besteht als Eigentum nur einzelnen Dritten gegenüber. Der Eigentumsbegriff aber ist materiell derselbe, gleichviel ob er nach außen gegen einen oder gegen alle zu wirken vermag; nur die äußere Anwendungssphäre ist demzufolge eine verschiedene;

b) sie unterscheiden sich ferner durch den äußeren Schutz, durch die äußerliche Dauer der im Momente ihrer Geltung gleich wirksamen Eigentumsklage, d. i. durch eine längere oder kürzere Klagenverjährung. Denn dieselbe Eigentumsklage für die 1. und 2. Stufe, die vindicatio und Publiciana, verjährt in 30 Jahren, während die Eigentumsklage des possessor ad interdicta unter Umständen nur ein einjähriges Interdict ist. Aber auch hiebei bleibt der durch diese verschiedenen Klagen geschützte materielle Eigentumsbegriff der gleiche, gleichviel ob sein Schutz ein oder 30 Jahre dauert.

---

lative Eigentumsnatur dürfte soeben hier gelöst sein; 2) die sogen. abgeleitete possessio; davon unten § 3 und meine Abhandlung in Grünhut's Zeitschr., Bd. VI, S. 708–710, §§ 14 u. 15.

Auf solche äußere Verschiedenheiten somit ist der Unterschied zwischen absolutem und relativem Eigentum, zwischen dominium und possessio beschränkt, ohne daß diese die Einheit des materiellen Eigentums zu alteriren vermöchten. Weitere und wesentliche Begriffsunterschiede zwischen beiden existiren einfach nicht.

Zum Schlusse ist wiederholt zu betonen, daß es falsch ist, daß die Römer je den blos factischen wirklichen Besitz durch den technischen Begriff possessio bezeichnet hätten, selbst wenn dieselben besagen, daß ihre possessio facti[16]) sei. Der Begriff des factischen Besitzes im heutigen Sinne vielmehr ist innerhalb des röm. Rechts einzig repräsentirt: — in dem römischen corpus und dem corpore possidere; in dem tenere: dem mittelalterlichen Begriffe der Detention; in dem habere; in der custodia; selbst persönliche Klagen auf Gewährung des Besitzes finden sich im röm. Rechte: in der actio ad exhibendum und den interdicta exhibitoria: — niemals aber in dem Worte possessio. Und ein dingliches Besitzrecht wie eine dingliche Besitzklage, welche die factische Disposition über eine Sache an sich und für sich allein, als ein vom Eigentume getrenntes jus in re aliena, schützt, ist nach dem Ergebnisse der röm. Quellen, nachdem dort die possessio kein Besitz, sondern ein Eigentum ist, dem gesammten römischen Rechte fremd.

b. Heutiges deutsches Besitzrecht an körperlichen Gegenständen.

Unabhängig von dem soeben geschilderten absoluten und relativen Eigentume der römischen possessio, wenn auch z. B. zum größten Teile noch vermischt mit deren mißdeuteter Lehre, findet sich empirisch — nach heutiger thatsächlicher Erfahrung bei Beachtung der heutigen Ausflüsse unsrer positiven Rechtsquellen und insbes. des Gewohnheitsrechtes, in unsrem heutigen Rechtsbewußtsein wie in heutiger Übung — ein wirkliches Besitzrecht oder das, was Bruns mit Detentionsrecht bezeichnet. Dieses Besitzrecht ist in Anwendung auf körperliche Gegenstände, juristisch definirt: das accessorische dingliche Recht,[17]) eine fremde Sache, deren Gewahrsam (Innehaben, factischen Besitz) wir erlangt

[16]) Vgl. oben § 1 Note 26.

[17]) Ueber die accessorische Natur vgl. unten § 9 Z. 7; über die dingliche Natur noch in diesem Paragraphen.

haben, eine Zeit lang[18]) in diesem unsren Gewahrsame zu behalten und ohne Substanzänderung über dieselbe zu verfügen. — Wie nun an körperlichen Gegenständen oder im Sachenrechte, so gibt es auch an jedem sonstigen Rechte ein Besitzrecht. Es ist dies alsdann das, vielfach mit dem Gewahrsame irgend eines körperlichen Gegenstandes verknüpfte „Recht der Ausübung" fremder Rechte. So z. B. hat der Besitzer einer Obligation au porteur ohne animus domini schon durch seinen factischen Besitz des Wertpapiers wie möglicherweise durch andere Titel ein Recht zur Erhebung von Couponszinsen; der Besitzer eines ihm zu diesem Zwecke vom Erblasser oder Erben übertragenen Nachlasses, z. B. der Testamentsexecutor, Mandatar, das Recht, den Nachlaß alieno nomine innezuhaben und das Erbrecht für den Dritten factisch auszuüben. Doch gelten für diese sonstige Besitzrechte zum Teil andere Grundsätze, als für den Besitz körperlicher Gegenstände, so daß wir, um die Lehre nicht zu verwirren, vorerst die Feststellung des heutigen Besitzrechts im Wesentlichen auf den Besitz an letzteren beschränken.

Dieses Recht ist vor allem ein Recht „zu besitzen", nicht jenes noch undefinirte und juristisch undefinirbare Recht „des Besitzes" Savigny's und der Neueren, wie aus § 4 zur Genüge ersichtlich werden wird. —

Dessen Verhältniß ferner zur röm. *possessio* erachte ich oben § 2 a. vorläufig zur Genüge erörtert. Hier etwa nur zur Veranschaulichung der Verschiedenheiten beider ein einzelnes Beispiel. — Im römischen constitutum possessorium[19]) beispielsweise wird zwar das römische relative Eigentum der possessio, ein Besitzrecht dagegen niemals erworben; denn der neue possessor oder relat. Eigentümer hat hierbei das Recht, factisch zu besitzen, sofort im Momente seines Eigentumserwerbes zeitweise an den früheren Eigentümer oder possessor abgelassen oder veräußert; der neue possessor erlangt nicht einmal den factischen Besitz und das Besitzrecht. Dagegen werden wir ein reines und wirkliches heutiges Besitzrecht begründet finden in den unten folgenden Beispielen des Faustpfandes, Retentionsrechtes, Depositars, Pächters rc. — Zu dem blos factischen Besitze dagegen verhält sich das heutige

---

[18]) Vgl. § 9 Z. 4.

[19]) Hierüber unten § 9 Ziffer 1, d. und 2, b.

Besitzrecht, wie schon bemerkt, so, daß der factische Besitz Erwerbgrund, teilweise der Titel und stets der factische Inhalt des Besitzrechtes ist; diese beiden unterscheiden sich aber dadurch, daß der factische Besitz niemals für sich allein zugleich ein Recht, vielmehr das Besitzrecht an körperlichen Gegenständen stets ein jus in re ist, in welchem zum factischen Besitze noch der animus, zu besitzen, der Titel ꝛc., hinzutritt.

Bezüglich seiner geschichtlichen Bildungselemente und elementaren Grundbestandteile nun ist dieses heutige Besitzrecht so recht und ganz ein Bild des heutig positiven gem. deutschen Rechtes im Allgemeinen, ein Bild, welches wir in einem größeren Ganzen etwa in einem Systeme des Rechtes der heutigen Praxis im Allg. wie in dessen einzelnen Aufzeichnungen in Johann Adam Seuffert's Archive ꝛc. wiederfinden würden. Dies heutige gem. d. Recht überhaupt wie dessen einzelnes Institut des Besitzrechtes besteht nämlich geschichtlich weder aus Savigny's rein römischen, noch aus altgermanischen, noch aus völlig modernen Elementen allein. Es enthält keines dieser Elemente ausschließlich, sondern es ist ein neuer Organismus, welcher aus jenen drei obengenannten Grundelementen des röm., germanischen und modernen Rechts sich zu einer neuen organischen Einheit verbunden hat; es ist gewissermaßen eine juristische specificatio, welche aus verschiedenen Grundbestandteilen durch Kreuzung — Vermischung, Verbindung und in sich Verwachsen — den völlig neuen Rechtsorganismus dieses unsres heutig positiven und nationalen Rechtssystemes erzeugt. Es ist namentlich dies heutige Besitzrecht so ein Bild der wirklichen geschichtlichen „Bewegung“ — gewissermaßen des geschichtlichen „Stoffwechsels“ — im Rechte!

Die innere treibende Kraft, welche eben diese Elemente zu einem lebenden Institute vereinigt und letzteres vor unsern Augen organisch emporgetrieben hat, ist die bewegende Kraft des heimischen Gewohnheitsrechtes. Einmal die gemeinsame, öffentliche Überzeugung, daß wir neben dem absoluten und relativen Eigentume, mittels dessen wir die Sache selbst als unsre eigne wollen, noch ein bloßes und reines Besitzrecht bedürfen, mittels dessen wir die Sache niemals selbst als Eigentum, sondern nur eine fremde Sache kraft Rechtes innehaben wollen; wie z. B. bisher im sog. abgeleiteten Besitze, im Faustpfande ꝛc. ersichtlich. Anderseits aber die constante Übung dieses Rechts mit der opinio necessitatis, daß es „als Recht“ neben dem Eigentume in der That bestehe, ein animus juris, welcher vor allem auch diejenigen gefesselt hielt, welche bisher die röm. possessio anzuwenden gedachten und so irrtümlich nur Formen und Analogien eines römischen Eigentums auf deutsche Besitzrechtsverhältnisse übertrugen. —

Diese Rechtsanschauungen und Überzeugungen im Besitzrechte sind also geschichtlich nicht von außen in uns hineingebracht: sie sind unsre eignen; ja nicht blos unsre, es sind dies germanische Rechtsanschauungen, welche selbst die Reception des römischen Rechtes bei uns wie die Zeit einer Glosse überragen und welche bereits selbst auch außerhalb Deutschland Wurzel geschlagen haben. Diese Rechtsüberzeugungen haben ihre Wurzel ohne Zweifel in altgermanischem Gewohnheitsrechte und namentlich in der Gewere. Ich unterlasse es, hier den umfassenden germanistischen Studien wiederholt nachzugehen, welche seit Albrecht bis auf Laband, Heusler u. A. die Klärung dieses Institutes verfolgten. Auch diese Gewere ist allerdings noch keinesfalls ausschließlich das jus in re, eine fremde Sache zu besitzen, welches als heutiges Besitzrecht allein nach Abschälung des römischen Eigentumsbegriffes possessio von unsrer herrschenden Besitzlehre erübrigt. Die Gewere ist vielmehr offenbar noch ein weiterer Begriff. Sie schützte sowohl das mittelalterliche Eigentum als das mittelalterliche Besitzrecht.[20]) Aber offenbar fand sich das germanische Mittelalter in den Rechtsverhältnissen der Gewere, dadurch, daß es so vorwiegend Gewicht legt auf das äußerliche Factum, auf das körperliche Geben und Hinnehmen einer Sache, auf die vestitio und das Weren, sowie namentlich auch in den Lehenverhältnissen ꝛc. dazu prädisponirt, in einem Rechte, einen Gegenstand körperlich innezuhaben, ein selbständiges Recht neben dem Eigentume zu erblicken. — Diese opinio juris aber sowie das Anerkenntniß eines Rechtsschutzes für dies reine, deutsche Besitzrecht mußte einen lebendigeren, greifbaren Ausdruck erhalten mit der Bekanntschaft mit dem röm. Rechte; als das historische Mißverständniß der possessio den Irrtum herrschend machte, auch das positive römische Recht habe in der possessio

---

20) Daß die Gewere neben dem Eigentum auch den Besitz des Mittelalters schirmte, ist bereits längst von Andern anerkannt. Man vergl. insbes. Dr. Friedrich Stein, deutsches Sachenrecht, Erlangen 1857, S. 14 Z. 2 mit Note 32, Bluntschli, d. Privatr., § 54 u. 56, u. A.

einem Besitzrechte neben dem Eigentume ein Klagerecht verliehen. Wo von nun an die germanische Jurisprudenz des Mittelalters bis auf unsre Gegenwart das Wort possessio im Munde führte, da begriff man unter dem letztern niemals das röm. Eigentum der possessio, sondern stets nur das germanische Besitzrecht, zumindest das bis heute für möglich befundene besondere Institut eines Eigentumsbesitzes.[21]) Römische Rechtssätze mit technisch noch ungeklärten Begriffen, wie etwa: nil commune habet oder separata esse debet proprietas et possessio — quemadmodum nec possessio et proprietas misceri debet — ratio facit, ut alius possideat, alius a possidente petat[22]) — Sätze, welche nicht einmal entfernt besagen, daß die röm. possessio kein Eigentum sein solle, genügten der heimischen Jurisprudenz, um die Selbstständigkeit des ihr selbst innewohnenden Besitzbegriffes dem Eigentume gegenüber einen positiven Untergrund zu verschaffen; eine germanische Jurisprudenz konnte da nimmermehr glauben, daß die parallel neben dem dominium auftretende possessio, welche ja auch die Römer vermeintlich als vom Eigentume verschieden bezeichneten, ein mit dem Eigentume des dominium mehr oder weniger identisches Recht sein könne. So war in der röm. possessio der äußere positive Schild geschaffen, welche dem wohlberechtigten Keime unsres neu ersprießenden Besitzrechtes seinen äußeren Schirm verlieh, bis es zu erstarken und zu selbstständiger Anerkennung durchzudringen vermag. Man darf so getrost sagen: die Geschichte einer bewußteren Anerkennung eines positiven Besitz-

---

[21]) Vgl. unten § 3 Ziff. 1 und § 12 art. 16 Z. 4.

[22]) Z. B. l. 12, § 1, l. 52 D. de poss. 41, 2, § 4 J. de interd. 4, 15 2c. — Ueber den Begriff der röm. proprietas vgl. beispielsweise meine Ausf. in Grünhut's Zeitschr. VI, S. 699—700, S. 569 § 6. Derartige Sätze besagen etwa nur: daß das volle Eigentum des dominium und der possessio, von welchem der ususfructus nicht losgetrennt ist, verschieden sei von der proprietas, d. i. dem Eigentume, von welchem der ususfructus wegveräußert wurde; oder allenfalls: daß das frühere civile dominium ex jure Quiritium geschieden war von dem, dem jus gentium entsprossenen Eigentume der possessio; oder endlich: daß der Proceß für das civile dominium ex j. Quiritium, die actio oder das judicium von cives, ursprünglich geschieden war von dem Interdictenprocesse für das Eigentum des jus gentium, einer bloßen extraordinaria cognitio vor dem Prätor, für welche später erst ein von der civilen legis actio immerhin verschiedenes judicum durch den Prätor gewährt wurde; vgl. Grünhut's Zeitschrift VI, S. 573—578, S. 588—590 2c.

begriffes im Gegensatze zu dem Eigentumsbegriffe datirt von der Geschichte der Mißdeutung der röm. possessio seit dem Mittelalter. — Wie mächtig der Einfluß des röm. Rechts auf die Klarstellung des dogmatischen Gegensatzes von Eigentum und Besitzrecht gewesen sein mußte, beweist wohl der Umstand, daß selbst der Name Besitz aller Wahrscheinlichkeit nach gleichzeitig mit dem Namen Eigentum in Deutschland sich erst ausbildete in der Mitte des 15. Jahrhunderts[23]), zu einer Zeit somit, in welcher das röm. Recht als positives mehr und mehr in Deutschland Eingang zu finden begann. Von da an waren die romanistischen Definitionen des vermeintlichen Begriffes der röm. possessio die bald enger, bald weiter gezogene äußere Form, in welche sich bis auf den heutigen Tag der Inhalt des deutschen Besitzrechtes ergoß; denn wir sehen selbst heute noch, wie nach der herrschenden Besitzlehre das heutige Besitzrecht noch immer in Formen des Romanismus, in der mißverstandenen sog. abgeleiteten possessio und dem mißdeutenden possessorium, sein verkümmertes Dasein fristet.

Damit haben wir vorläufig altdeutsche wie römische Bildungselemente des heutigen Besitzrechtes kennen gelernt. — Daß zu diesen überlieferten Grundbestandtheilen moderne Elemente hinzukommen, wer wollte daran zweifeln? Alle Rechtssätze des Besitzrechtes, welche nicht durch Gewohnheit oder zutreffende Analogien insbes. der röm. possessio festgestellt werden können, sind nach Ihering's Ausdrucke, zu construiren, oder, was dasselbe ist, nach Puchta's Anschauung aus der sogenannten Rechtsquelle der Wissenschaft, d. i. aus inneren Rechtsgründen, darzustellen.[24]) Diese inneren Gründe schon sind unsre eigne, somit eine moderne, heutige Ueberzeugung. Zu diesen tritt die moderne Gesetzgebung hinzu, welche teils direkt feststellt, teils Analogien bietet. Schon in dem Momente aber, in welchem moderne Particularrechte oder das Reichsrecht beispielsweise auch nur dem deutschen Faustpfande oder dem Concursverwalter ein Besitzrecht gesetzlich zuschreibt, welches sich bewußt von der röm. possessio unterscheidet, hat der ganze Gedanke des

[23]) Ueber die Entstehung des neuhochdeutschen Wortes „Besitz" vgl. Dr. Friedrich Stein, Unters. über d. Entwickelung und Fortbildung des d. Sachenrechts, Erlangen 1857, S. 60 Note 103. Zu gleicher Zeit etwa, gleichfalls gegen Ende des Mittelalters, entstand erst der heutige Name Eigentum; v. Schulte, Rechtsgeschichte.

[24]) Vgl. unten § 2, b Note 47.

heutigen Besitzrechtes bereits eine gesetzliche Basis gefunden: wir sind berechtigt, aus ihr mittels Abstraction den allgemeinen Besitzbegriff festzustellen und dies Besitzrecht auch in andern Fällen anzuerkennen, wie umgekehrt wieder aus dem abstrahirten Begriff die Casuistik dieses Besitzrechts im Einzelnen mittels juristischer Consequenz zu erschließen; wir sind nimmermehr gebunden, dieses unser heutiges Besitzrecht auf die wenigen historischen und zweifelhaften Fälle allein zu beschränken, in welchen der Vasall nach Lehenrechte, der Bauer nach Hofrechte, die ältere deutsche Mobiliarklage ein Besitzrecht vertrat sowie der Romanismus einen sog. abgeleiteten Besitz zuließ ꝛc. Überall da, wo der Begriff und das Wesen des Besitzrechts ein solches zuläßt, ist hier, wo nicht Prohibitivbestimmungen entgegenstehen, dieselbe Privatdisposition, welche die Sache ganz oder das Eigentum veräußern darf, befugt, auch das bloße Besitzrecht an Andere zu veräußern und zu übertragen. Die unbehinderte Übertragung dieses heutigen Besitzrechtes ist: ein „Recht der Gegenwart".

Ebendeshalb liegt in dieser übersichtlichen Skizze nicht die Aufgabe wie das Bedürfniß vor, der Rechtsbildung des heimischen Besitzrechts in ihren historischen Einzelheiten näher zu treten und zu untersuchen, in welchen einzelnen Fällen bisher die „Überlieferung" ein Besitzrecht zugelassen. Es genügt wohl, in diesen Grundzügen der Entstehung des heutigen Gewohnheitsrechts des Besitzes die Motive kennen gelernt zu haben, warum das bisherige Besitzrecht im Allgemeinen früher so und nicht anders bestand; denn für die heutige positive Gestaltung dürfte ohnehin nach der Ueberzeugung des Verfassers endgültig nicht die frühere Geschichte, sondern allein die lebende Geschichte, die heutigen Ausflüsse der positiven Rechtsquellen oder das „Recht der Gegenwart" maßgeben, somit die Rechtsquelle des heutigen Gewohnheitsrechtes, welche das Bestehen, und die inneren Gründe oder die Rechtsquelle des sog. Rechtes der Wissenschaft im Sinne Puchta's, welche die Casuistik des heutig positiven Besitzrechtes festzustellen haben dürfte. — Für die äußere geschichtliche Gestaltung genüge hier somit die übersichtliche Hinweisung, daß wohl schon der Brachylogus[25a]) und ganz unzweifelhaft bereits die Glosse[25b])

[25a]) Brachylogus II, 8 § 2: possessio est „corporalis rei detentio".

[25b]) So beteiligte sich u. a. an den Lösungsversuchen der actio des possessor, des berüchtigten unus casus in l. 2 J. de act. 4, 6, schon die ver-

regelmäßig nur das germanische Besitzrecht, nicht den Begriff der wahren röm. possessio unter dieser possessio begriffen hat; daß dieser germanische Besitzbegriff im Gewohnheitsrechte und der Praxis der germanischen und romanischen Völker selbst auch in solchen Anwendungen Schutz fand, in welchen nicht eine vermeintliche possessio, nicht blos der vermeintlich durch die römische possessio gedeckte sogen. abgeleitete Besitz und ein vermeintlich römisches possessorium vorlag, daß sich der heimische Besitzbegriff so unabhängig von der vermeintlichen römischen possessio namentlich im Anschlusse an die Spolienklage des canonischen Rechtes entwickelte, daß in der deutschen Jurisprudenz des 17. und 18. Jahrhunderts zur Zeit eines Leyser und Anderer[26]) bereits das Gewohnheitsrecht des deutschen Besitzes offenkundiger zu Tage trat, bis dasselbe von Savigny wieder mehr zurückgedrängt erscheint, daß aber trotzdem, abgesehen von der Praxis der früheren Jahrhunderte, dies deutsche Besitzrecht selbst in der allerneuesten Zeit noch — gleichviel ob unter dem Namen Besitz- oder De-

---

accursische Glosse sowohl seit Placentin und Joh. Bassian, als die Glosse des Accursius lebhaft; und unter den Lösungsversuchen der letzteren findet sich bereits eine folgenden Inhalts: quando alius non possidens *agit*, ut si ratione *„detentationis“* agatur; weitere Fälle, in welchen einzelne Glossatoren dem Detentor ein Klagerecht zugestehen, erwähnt Bruns R. des Bes. 1848 S. 115. Auch die Zusammenstellung der Definitionen der Glosse über die possessio in Bruns R. des Bes. 1848 S. 105 lassen bereits die unrömische und germanische Identificirung der possessio mit der Detention, dem corpus corpori incumbere und dem jus rem detinendi sibi erkennen. — Bruns, S. 107 l. c., findet insbes. die Identificirung der etymologischen Bedeutung der possessio mit der Detention „sonderbar enge“; in der Wirklichkeit aber dürfte wohl all' dies nur die Bestätigung eines Ausdruckes des den Glossatoren bereits innewohnenden Gewohnheitsrechtes zu finden sein, zufolge dessen dieselben die possessio begrifflich bereits mit dem germanischen Besitzbegriffe identisch glaubten, wenn dieselben auch nicht jede Detention schon durch die Formel der possessio geschützt erachteten.

[26]) Vgl. Bruns, R. des Bes., 1848, S. 387, Text zu Note 2 u. f., sowie die bekannte Note von Savigny, R. d. Bes. S. 1 Note 1; v. Bruns, l. c. S. 409. Damals freilich nahm die herrschende Besitzlehre noch die Anschauung eines Sibeth — welcher schroff und ohne principielle Begründung, wenn auch immerhin wohl unbewußt geleitet von einer opinio necessitatis des Gewohnheitsrechtes, den Besitz bereits vom röm. Rechte unabhängig erklärte — noch für einen „Aberwitz“ an, ohne umgekehrt zu ahnen, daß sie selbst von dem großen geschichtlichen Irrtume beherrscht sei, die röm. Eigentumsart possessio sei ein Besitz!

tentionsrecht — seine Anerkennung fand. So, abgesehen von dem von den Romanisten selbst noch immer teilweise anerkannten Besitze in genereller Anwendung beispielsweise bei Bluntschli[27]), welcher zwar die possessio noch für einen Besitz hält, aber glaubt, daß der Rechtsgedanke der Gewere diesen vermeintlich römischen Besitz ergänze und erweitere; so entfaltete ferner nach den Jahren 1865 und 1873, — in welchen zuerst der Verfasser[28]) die Anregung versuchte, daß die possessio ein römisches Eigentum und deshalb unser Besitz ein heutiges, von der röm. possessio unabhängiges Recht sein müsse — im Jahre 1874 vor allem bereits auch Bruns[29]) unter dem Namen eines „Detentionsrechtes" ein reines deutsches Besitzrecht; ihm nachfolgend im Jahre 1876 E. J. Bekker; teilweise schon früher im Jahre 1872 nahm Paul Roth[30]) an, daß ein deutscher Besitz, welchen derselbe, zum Unterschiede von dem, vermeintlich in der röm. possessio enthaltenen körperlichen oder Sachbesitz, einen „Rechtsbesitz" nennt, existire; und neben diesen generellen Anerkenntnissen finden sich auch noch specielle Anwendungen.[31])

Insbesondere Bruns gebührt nunmehr das Verdienst, die von mir anzuregen versuchte Berechtigung eines generellen deutschen Besitzbegriffes unabhängig von der possessio, wenn auch unter dem fremdländischen Namen eines Detentionsrechtes, anerkannt und weiter geschichtlich nachgewiesen zu haben. Da derselbe indessen noch an der herrschenden Meinung haften blieb, die röm. possessio sei ein Besitz, und da auf diese Weise von ihm der deutsche Besitzbegriff bereits für das Anwendungsgebiet der röm. Eigentumsart

---

[27]) Bluntschli, deutsches Privatr. §§ 54, 56.

[28]) Seitz, „das praktische Bedürfniß der Rechtsreform gegenüber der histor. Schule", 1865, S. 140 ff., und „Zur Kritik der heutigen Negatorien- und Confessorienklage" 2c., 1873, S. 145 ff.

[29]) Bruns, Besitzklagen, 1874, S. 236 ff.; dagegen noch dessen R. des Bes., 1848, S. 470 f.

[30]) E. J. Bekker, Krit. Vierteljahrschrift, 1876, Bd. 18, S. 19; Paul Roth, Bayr. Civilr., 1872, II, § 130, S. 104—108.

[31]) Andere Auffassungen des Detentionsrechtes bei Kierulf, Theorie, p. 341—313; Zielonacki, Der Besitz nach röm. R., Berlin 1854, S. 6—7; Randa, Der Besitz, 2. Aufl. 1876 (1. Aufl. 1865) S. 99 mit Note 5; die von Kindel Beitr. von Rassow (Gruchot) 1877, S. 438—439 angezogene Stelle aus Randa, S. 10 Note 11 bezieht sich wohl nur auf Partikulargesetzgebungen.

possessio vergeudet worden sein dürfte, so war derselbe leider mit der herrschenden Lehre noch immer genötigt, den deutschen Namen des Besitzrechtes auf seinem eigenen Gebiete Preis zu geben, und den, selbst geschichtlich nicht vollständig passenden, fremden Namen der detentio[32]) an dessen Stelle zu setzen. Wenn nun jetzt aber feststeht, daß die röm. possessio kein Besitz ist, so dürfte wohl auch fernerhin kein Grund mehr gegeben sein, um dem Irrtume, possessio sei Besitz, noch länger zu fröhnen, die beiden identischen Begriffe „Besitz- und Detentionsrecht", dieser ihrer Identität unerachtet, unter dem doppelten Namen als verschiedene Institute zu behandeln und den Namen unsres deutschen Besitzrechtes so selbst aus dem ihm eigentümlichen Gebiete seiner Heimat zu verbannen. Nicht einmal dürfte es sich rechtfertigen, das Gebiet der possessio etwa figürlich aus dem Grunde als Besitz zu bezeichnen, weil dies relative Eigentum durch Besitz erworben werde; denn die römische possessio wird ja großenteils ganz ohne Besitzerwerb erworben.[33]) Abgesehen hiervon blieben bei dem Forterhalten des Gegensatzes des bisherigen Besitz- und Detentionsbegriffes alle sonstigen Nachteile der bisherigen Besitzlehre ungeschmälert bestehen: die unwahre Mißdeutung der röm. possessio selbst, die Mißbildungen der bisherigen Possessorien rc. Vergl. §§ 3—5. Wir werden daher gut thun, jetzt, nachdem das Mißverständniß der röm. possessio als Besitz hinfällig sein dürfte, den Namen unsres deutschen Besitzrechtes wieder in sein volles Recht einzusetzen.

Seinem Gattungsbegriff nach ist dieses unser heutiges Besitzrecht an körperlichen Gegenständen nichts, als ein dingliches Recht.[34]) Während das absolute und ganz ebenso auch das relative

---

[32]) Bekanntlich sprechen die Römer von einem possessionem *„detinere"* regelmäßig nur bei der wirklichen possessio; näher tritt das römische *tenere* dem mittelalterlichen Begriffe der Detention. Sonstige Begriffe vgl. § 2, a am Ende.

[33]) Die röm. possessio wird auch ohne Besitzerwerb erworben; denn die römische Tradition ist keine deutsche Besitzübertragung. Vgl. unten § 9, Ziff. 3; ja es gibt Fälle, wo die röm. possessio nicht einmal der Tradition bedarf, sondern durch Vertrag rc. allein übertragen wird. Vgl. § 12 Text zu Note 6—9 und § 9 Note 18.

[34]) Daß das deutsche Besitzrecht ein dingliches Recht sei, ist heutzutage wohl im Allg. von allen anerkannt, welche sich seit meinen Anregungen dieser dinglichen Natur („Zur Kritik der heut. Negatorienklage" rc. 1873, S. 147—148,

Eigentum der possessio, soweit das letztere überhaupt als Eigentum wirksam ist und besteht, die ganze Sache als eigne will, die absolute Herrschaft über die Sache oder die Totalität[35]) aller an der Sache denkbaren Rechte beansprucht, will das Besitzrecht an sich umgekehrt niemals die Sache selbst als eine eigne, sondern nur eine einzelne Befugniß an der fremden Sache; das einzelne Recht, diese fremde Sache eine Zeit lang zu besitzen, d. i. sie innezuhaben und factisch ohne Substanzveränderung über dieselbe zu verfügen. Das heutige Besitzrecht zweigt so das zeitlich wie sachlich begrenzte Recht, die Sache factisch zu besitzen, von der Totalität des Eigentums ab und verleiht diese Befugniß als einzelnes jus in re aliena einem Dritten außer dem Eigentümer. Während so das heutige Besitzrecht ein, der Zeit nach begrenztes[36]) ist, ist anderseits die Herrschaft des Eigentümers eine zeitlich unbegrenzte, eine aeterna auctoritas, welche nach dem Aufhören des Besitzrechtes wieder vollständig zur Geltung kommt. Während ferner sachlich das heutige Besitzrecht als Object des Rechtes nur das Recht, die Sache factisch zu besitzen, gewährt, ist anderseits die Herrschaft des Eigentümers auch dem Gegenstande nach unbegrenzt; es stehen ihm, abgesehen von diesem Besitzrechte, alle übrigen an der Sache möglichen Rechte zu; so hat der Eigentümer außer dieser Befugniß überdies das Recht, über die Substanz selbst zu verfügen, die Sache zu veräußern, zu verkaufen, zu verschenken, zu belasten, selbst zu verzehren und zu vernichten; er kann ferner über die Früchte unbedingt verfügen, sie entweder

---

und zuvor „Das praktische Bedürfniß der Rechtsreform" &c., 1865, S. 154) mit einem derartigen heutigen, von der röm. possessio unabhängigen Rechte — sei es unter dem Namen Besitz- oder Detentionsrecht — befaßt haben. Bruns, Besitzklagen, 1874, S. 243 ff.; E. J. Bekker, Krit. Vierteljahrschrift, Bd. 18, 1876, S. 14, 15, 18. Ueber die ähnliche Anschauung bereits während des Mittelalters und später: Delbrück, Die dingl. Klage des d. Rs., § 18, Note 12, S. 97; Bruns, R. d. Bes., S. 386, Note 2.

35) Die Definition des Eigentums als die Totalität aller dinglichen Rechte gehört bekanntlich Puchta (Pand. § 145) an. Obgleich nicht ganz zutreffend, ist dieselbe doch sehr geeignet, das Wesen des Besitzrechts als jus in re zu veranschaulichen. Wie der usus und ususfructus u. a. vom Eigentume die Befugniß zu nutzen abzweigt, so zweigt auch das heutige Besitzrecht aus den Gesammtbefugnissen oder der Totalität des Eigentums die einzelne Befugniß, zu besitzen, ab.

36) Vgl. unten § 9 Ziff. 4.

selbst genießen oder den Fruchtgenuß persönlich, mittels Pacht und Miete, oder dinglich, mittels usus und ususfructus 2c., veräußern, alles Rechte, welche dem Besitzer als solchem — so lange diesen nicht überdies eine besondere causa[37]) hiezu berechtigt, z. B. dem Depositar, Sequester, Retentionsberechtigten, Faustpfandgläubiger an sich — nicht zustehen.

Dieser dingliche Begriff unsres Besitzrechtes ist heutzutage nur noch in einem Punkte näher aufzuklären. Die neueste Jurisprudenz kam zu einer Unterscheidung zwischen einem körperlichen und einem Rechtsbesitze. Unter dem ersteren verstand sie den, vermeintlich in der röm. „possessio" vertretenen, Besitz an körperlichen Gegenständen; unter dem letzteren das Detentionsrecht, welches sie nicht als Besitz an körperlichen Gegenständen, sondern als Rechtsbesitz, als quasi-possessio juris ähnlich dem Rechte des ususfructus,[38]) auffaßte. Auch diese Unterscheidung dürfte von der Mißdeutung der römischen possessio als Besitz einerseits und von der Verwechslung der causa des Besitzrechtes (die beispielsweise im ususfructus vorliegt) mit dem accessorischen dinglichen heutigen Besitzrechte anderseits (vgl. § 9, Z. 5 u. 7) datiren. Beide obigen Begriffe aber sind in der Wirklichkeit nicht verschieden, sondern identisch. Die römische *possessio* rei corporalis nämlich ist überhaupt kein Besitzrecht, sondern ein Eigentum; nur etwa mit corpore possidere bezeichnen die Römer das Factum der Detention, welches aber keinerlei Recht ist; diese röm. possessio bleibt somit in vorneherein außer Betracht. Alles heutige Besitzrecht oder Detentionsrecht dagegen ist, soweit es an einer körperlichen Sache Platz greift, immer sowohl körperlicher Besitz als jus in re oder quasi-possessio juris zugleich, weil das Besitzrecht nur das accessorische jus in re, die körperliche Sache zu besitzen, ist. Die quasi-possessio juris ist somit heutzutage der Gattungsbegriff, welcher alle diese jura in re, sowohl Servituten, Emphyteusis und Superficies, als das heutige deutsche accessorische Besitz- oder Detentionsrecht als Unterarten desselben Begriffes in sich faßt. Daß anderseits diese quasi-possessio als causa principalis: der ususfructus, die superficies, emphitheusis an sich, von uns überhaupt

---

[37]) Vgl. unten § 9 Ziff. 5.

[38]) So Bruns, Besitzklagen, 1874, S. 240—243; Paul Roth, Bayr. Civilr. II, §§ 129 u. 130 u. A.

niemals mehr als ein heutiger „Besitz", sondern einzig als ein „Recht" an der fremden Sache aufgefaßt werden darf, und so wenig Besitz ist, als die possessio rei corporalis, bezeugen uns die Römer gleichfalls völlig deutlich; denn sie bezeichnen diesen unsren vermeintlichen Rechtsbesitz abwechselnd mit quasi-possessio und quasi-*dominium* oder mit possessio und dominium juris schlechtweg.[39]) Wir dürfen also quasi-possessio niemals mehr mit „Besitz" des Rechtes, sondern nur mehr mit Recht „selbst" übersetzen, weil ja doch jede possessio nicht Besitz, sondern Recht ist!

Die richtige Besitztheorie für das heutige deutsche Besitzrecht ferner ist eben deshalb nicht etwa ein Verbot der Gewalt nach Savigny und Rudorff, das Vorrecht im Sinne Thibaut's, ein Eigentumsschutz nach Gans, Ihering u. A., eine Willensverkörperung, ein bloßer Vermögensausfluß für sich allein, sondern einfach: die Positivität dieses Rechtes als jus in re aliena überhaupt. So wenig wir bei einem sonstigen jus in re: dem usufructus, den Wegservituten ꝛc. nach einer besonderen Theorie suchen dürfen und nach einer andern Theorie[40]) als der, warum

---

[39]) Possessio oder quasi-possessio juris bezeichnet in Rom nur das jus in re, welches nach jus gentium erworben wurde.. Wie dies nach jus gentium erworbene Recht eine possessio oder quasi-possessio, so war das nach jus civile erworbene gleiche jus in re, z. B. das jus in re, welches durch mancipatio, in jure cessio ꝛc. erworben ward, ein dominium juris. Beide Begriffe bezeichneten somit nur das nach jus gentium oder civile erworbene Recht selbst, nie einen Besitz. Auch der Ausdruck quasi-dominium findet sich deshalb in den röm. Quellen abwechselnd mit dominium juris, proprietatis ꝛc. Z. B. l. 3, § 7, D. uti poss. 43, 17: Si supra aedes, quas possideo, coenaculum sit, in quo alius *„quasi-dominus"* moretur, interdicto uti possidetis me uti posse. — — Caeterum superficiarii proprio interdicto et actionibus a Praetore utentur. Hier wird somit beispielsweise der quasi-possessor superficiei nicht als solcher, sondern als quasi-dominius superficiei bezeichnet. Häufiger noch sind die Bezeichnungen dominium usus fructus im Just. R., z. B. l. 3, D. si ususfr. 7, 6; l. 8 pr. D. de rebus auct. jud. 42, 5 und insbesondere das dominium proprietatis; vgl. hierüber meine Ausführung in Grünhut's Zeitschr. Bd. VI, S. 409 und meine Schrift, „Zur Kritik der heut. Negatorien- und Confessorienklage", S. 6 Note 5. — Arndt's Pand., § 126, Anm. 1; Seuffert, Pand., § 120, Note 2 ꝛc.

[40]) Ueber diese Besitztheorieen vgl. Ihering, Beitr. zur L. v. Besitz in dessen Jahrbüch., 1868, Bd. IX, S. 3 ff., Bruns, Besitzklagen, 1874, S. 263 ff., Grünhut's Zeitschr., Bd. VI, S. 714 ff. 719. Die oben von mir vertretene (negative) Besitztheorie findet sich bereits in meiner Schrift, „Zur Kritik der

das Recht überhaupt besteht, ebenso wenig können wir dies bei dem heutigen jus in re, die fremde Sache zu besitzen. — Seine positive Begründung endlich gegenüber der possessio und jedem Eigentumsbegriffe findet das heutige Besitzrecht sowohl in dem uneingeschränkten Rechte der Privatdisposition, als in der Rechtsquelle des heimischen Gewohnheitsrechtes. — Vor allem gewährt das positive Civilrecht das Recht freier Disposition über das Privatrecht, so lange nicht Prohibitivgesetze entgegenstehen. Nun kann jedermann sein Eigentum vollständig veräußern und einem Andern übertragen. Warum sollte derselbe Eigentümer, welcher sein ganzes, volles Eigentum übertragen kann, logisch nicht unter Beobachtung der nötigen Formen auch einem Andern das bloße Besitzrecht, d. i. das bloße einzelne Recht rechtsförmlich übertragen können, die Sache factisch innezuhaben und insolange über dieselbe zu verfügen, bis ein bestimmt festgesetzter, rechtlich zulässiger Endzweck besteht; ähnlich etwa, wie der Eigentümer ja auch andere einzelne Befugnisse aus seinem Eigentum übertragen darf, z. B. den usus, ususfructus, eine Wegservitut, Emphytheuse ꝛc. — Abgesehen hiervon findet sich dies heutige Besitzrecht unzweifelhaft begründet in der Rechtsquelle des heutigen Gewohnheitsrechts: Dieser Besitzbegriff allein ist es, welcher vor allem in dem heut. Rechtsbewußtsein unsres Volkes lebt und ihm allein verständlich ist: jeder Laie weiß heutzutage, was es bedeutet, wenn von zwei Personen gleichzeitig dem einen das Eigentum, dem andern lediglich der Besitz an der nämlichen Sache, dem nämlichen Hause, Grundstücke ꝛc. zustehen soll. Derselbe Besitzbegriff ist aber, wenn auch unbewußt und gestört durch zum Teil unzutreffende Analogien aus dem röm. Eigentumsbegriffe der possessio, von jeher bei unsren Juristen — selbst bei unsren Romanisten — in einer ununterbrochenen Übung gewesen: selbst ein „Savigny“ wie die gesammte germanische und romanische Jurisprudenz vom Mittelalter bis auf die jüngste Gegenwart, wendete, wie gezeigt, wo sie das römische Recht in seiner Reinheit anzuwenden vermeinte, niemals den römischen geschichtlichen Eigentumsbegriff possessio, sondern einzig den germanischen Besitzbegriff an! Die

heut. Negatorien- und Confessorienklage“, 1873, S. 153. Seitdem hat dieselbe auch E. J. Bekker adoptirt: Münchner krit. Vierteljahrsschrift, Bd. 18, 1876, S. 22.

einzige Folge der Subsumtion der Besitzlehre unter die possessio war deshalb, daß eben unser bisheriger Romanismus das deutsche Besitzrecht, außer in Anwendung auf das Eigentum (Eigentumsbesitz), nur in denjenigen, wenigen Besitzfällen zuließ, in welchen die Römer zu ähnlichen Zwecken zufällig ihr Eigentum nach jus gentium, die possessio, sich übertragen dachten; im Wesentlichen also in den Fällen der sogen. abgeleiteten possessio: des pignus, praecarium, des sequester, sowie in dem vermeintlichen possessorium (vgl. unten § 3). In allen übrigen Fällen und regelmäßig war daher das wirkliche Besitzrecht bei diesen Romanisten schutzlos. — Unser heutiges Volksbewußtsein dagegen wie auch schon unsre Praxis und Theorie[41]) geht in der Anwendung dieses heimischen Besitzrechtes bereits weiter. Diese finden ein solches nicht blos mit den Romanisten in dem sogen. abgeleiteten Besitze, sondern auch beispielsweise beim Retentionsrechte,[42]) bei dem Besitzerwerbe unter suspensivem Eigentumsvorbehalte eines Dritten; beim Finder ohne animus domini,[43a]) Lebens-

[41]) Vgl. die Allegate oben Note 27—30 und bezüglich der Praxis Text zu Note 45.

[42]) Dagegen Roth, Bayr. Civilr. Th. II, § 131, S. 110, Ziff. 5; Randa, Der Bes. nach östr. R., § 6 Z. 5, 2. Aufl., 1876, S. 93; dafür Bruns, Besitzklagen, S. 237, sowie das bayr. und preuß. Landrecht. Vgl. hierüber unten § 11, Note 6. — Auch das Strafrecht nimmt hier einen Besitz an. Vgl. etwa Stenglein, Zeitschr. für G. u. R., Bd. XVIII (neue Folge VIII) S. 271. —

[43a]) In neuester Zeit ist wiederholt die Frage angeregt worden, welches Recht denn eigentlich das Recht des Finders sei. Darüber liegen heutzutage unzählige Lösungsversuche vor; vgl. u. a. neuerdings Mandry, Archiv f. civilist. Praxis, Bd. 36, 1879, S. 1 ꝛc. In der That dürfte diese Frage nach der bisher herrschenden Besitztheorie kaum lösbar gewesen sein. — Der Finder nämlich ist bald relativer Eigentümer, bald steht ihm ein relatives Besitzrecht zu. — Will er die gefundene Sache animo domini für sich behalten, so erscheint er als possessor oder relativer Eigentümer gegenüber Dritten, außer dem rechtmäßigen Eigentümer; u. zw. als malae fidei possessor, wenn er den letzteren kennt, als bonae f. possessor oder als Occupant einer herrenlosen Sache mit dem titulus pro suo und wohl mit Usucapion, wenn der frühere Eigentümer trotz aller Anzeigen ꝛc. nicht zu ermitteln ist und er die Sache mit gutem Glauben für herrenlos oder aufgegeben erachten konnte. — Hat dagegen der Finder nicht animus domini, nicht die Absicht, die Sache als Eigentümer zu behalten, sondern nur die Absicht, sie zu verwahren oder zu besitzen, bis er dieselbe etwa an den Eigentümer oder die Polizeibehörde abgeben kann, so hat er insolange deutsches und zwar relatives Besitzrecht gegenüber Dritten; vgl. unten § 12, B. art. 12, III.

träger,[43b]) Pächter, Mieter, Depositar,[44]) Commodatar, Verwalter, beim Usufructus, in der *custodia*, bei dem Besitze einer Pfarr- oder sonstigen Pfründe, dem Concursverwalter, beim Faustpfande, dem Colonen, Erbpächter, dem Leibgedinge rc.

Auch selbst ein positiver Klagenschutz besteht schon bisher für dieses unser deutsches Besitzrecht; für den sog. abgeleiteten Besitz: indem man diesem schon bisher die Klagen aus dem röm. relativen Eigentum der possessio, die Interdicte, gestatten zu können vermeinte; in den übrigen Besitzfällen, indem die italienische und auch schon die deutsche Praxis in dem Anklammern an die mittelalterliche Spolienklage, wie Bruns[45]) treffend nachgewiesen, — und wohl auch in Folge des sich geltend machenden Gewohnheitsrechtes, welchem die Spolienklage selbst nur einen Ausdruck verlieh, wie der Verf. beifügen möchte, — eine analoge Klage gestattete.

Dieses bisher geschilderte nationale deutsche Detentions- oder Besitzrecht ist auf diese Weise, wie so manches andere heimische Rechtsinstitut,[46]) als Gewohnheitsrecht unter der falschen Hülle des röm. Rechts der possessio großgewachsen und erstarkt, so daß wir es von dieser äußeren schützenden Hülle zu entkleiden und im Einklange mit dem Rechtsbewußtsein unsres Volkes als unser eigen wieder zuerkennen und selbständig zu gestalten im Stande sein werden; darin liegt z. B. der Beruf, — eine der Aufgaben — der Gegenwart. —

Freilich aber steht durch das bisherige heimische Gewohnheitsrecht vorläufig nur das positive Bestehen des Institutes des Besitzrechtes im Allgemeinen, nicht auch dessen Lehre im Einzelnen, in dessen einzelnen Rechtssätzen schon fest. Und da ebensowenig dessen einzelne Rechtssätze schon aus dem röm. Rechte direct

[43b]) Vgl. § 9, Ziff. 4. Randa u. a., D. Besitz, 2. Aufl., S. 18, hält ihn mit mir nicht für einen possessor (nur für einen quasi-possessor juris), Kindel in Rassow (Gruchot) Beitr. Dritte F. I, 1877, S. 437 für einen possessor.

[44]) Dagegen wohl mit Unrecht Bruns, Besitzklagen, S. 237, welcher die causa des Besitzrechts mit dem Besitzrechte selbst verwechseln dürfte; dafür wohl das röm. Recht l. 2, § 1, D. pro herede 41, 5, und Kindel in Rassow (Gruchot) Beitr. 1877, S. 437; davon unten § 9, Ziffer 5.

[45]) Bruns, Besitzklagen, 1874, § 21, S. 227.

[46]) Puchta, Gewohnheitsrecht, Bd. II, S. 66—73.

entnommen werden können, weil ja das letztere dieses heutige Besitzrecht überhaupt noch nicht kannte, dasselbe daher unmöglich diese Rechtsätze regeln wollte und konnte, so ist denn auch die Methode der Darstellung des heutigen Besitzrechtes, nicht, wie bei dem Eigentum und den sonstigen Instituten röm. Ursprungs, die Subsumtion unter das gemeine röm. Recht im Sinne der älteren histor. Richtung, sondern die Construction im Sinne Ihering's, d. i. die Neugestaltung der einzelnen Rechtssätze aus inneren Gründen (dem sog. Rechte der Wissenschaft nach dem Ausdrucke Puchta's), namentlich mittels Analogie.

Ich habe die Gründe für die und die Principien dieser in der Praxis längst notwendigen und angewandten Construction bereits bei der Darstellung der Lehre des heutigen Schmerzengeldes ausführlicher entwickelt.[47] Auf diese verweise ich hier einfach. — Die weitere Entwicklung der Casuistik der heutigen Besitzlehre nun wird unter § 9 folgen; in den nächst folgenden Paragraphen dagegen sollen zuvor noch die bisher herrschende Auffassung der Besitzlehre näher geprüft werden. —

---

47) Ueber den Gegensatz von Subsumtion und Construction oder Neubildung und die Berechtigung der letzteren auf dem Gebiete nicht der römischen, wohl aber der heimischen überlieferten wie modernen Institute hat sich der Verf. bereits in seiner Erstlingsschrift: Untersuchungen über die heut. Schmerzengeldklage, Erlangen, Deichert, 1860, S. 10 ff. anläßlich der damals einschlägigen Controverse zwischen Ihering und E. J. Bekker, u. zw. zu Gunsten einer Construction im Sinne Ihering's aus positiven Gründen wie aus Gründen praktischer Notwendigkeit ausgesprochen. Das Praktische dieser Frage nämlich zeigt sich überall da, wo überlieferte oder moderne deutsche Rechtsinstitute, z. B. der Erbvertrag, Schmerzengeld, Besitzrecht etc., kraft Gewohnheitsrechtes positiv bestehen, ohne daß bereits dieses positive Recht ihre einzelnen Rechtssätze über Erwerb, Verlust, Klagenverjährung etc. feststellt. Weil der röm. Gesetzgeber diese Institute noch nicht kannte, konnte er sie auch im corpus juris noch unmöglich regeln wollen. Es entsteht daher bei ihnen nur die Frage: dürfen die röm. Rechtssätze auf dieselben analog angewendet werden, und wie dürfen sie „construirt“ werden, nicht aber: dürfen deren Rechtsätze direct unter das röm. Recht „subsumirt“ werden.

II. Die bisherigen Auffassungen dieser geschichtlichen Grundlagen: Die bisher herrschende Besitztheorie.

§ 3. Die bisher herrschende Besitzlehre nun eines Savigny und der Gegenwart „schwankt" zwischen diesen beiden soeben in § 2 gegenübergestellten, klaren, geschichtlichen Grundbegriffen des Eigentums und des deutschen Besitzrechtes hin und her; sie ist für die Rechtsanwendung wie Gesetzgebung ein Zwitterinstitut, eine selbst logisch[1a]) unmögliche „Construction" eines neuen Rechtsinstitutes, zusammengewürfelt aus unvereinbaren römischen Eigentumsbegriffen der possessio und deutschen Besitzbegriffen; im Principe logisch unmöglich: einfach, weil ein Mittelding zwischen diesen beiden Grundbegriffen: — dem Eigentume oder dem Rechte, über eine Sache als seine eigne vollständig zu disponiren, einerseits, und dem Besitzrechte oder dem Rechte, lediglich über eine fremde Sache zeitweise factisch zu verfügen, anderseits, — logisch wie praktisch niemals denkbar sein wird.

Von unsrem deutschen Besitzbegriffe entlehnte auf diese Weise die bisher herrschende Besitzlehre den Namen „Besitz" wie den Inhalt, d. i. die richtige Vorstellung, daß der Inhalt ihres Rechtes ein Besitz, ein Factum im heutigen Sinne d. W. oder ein Innehaben und eine factische Disposition über die Sache sein müsse. Aus dem römischen Eigentumsbegriffe der possessio dagegen übertrug man auf diesen herrschenden Besitzbegriff den animus domini: die Absicht „Eigentümer" sein zu wollen! und das äußere Anwendungsgebiet der röm. Eigentumsart possessio; m. a. W., die herrschende Besitzlehre ließ eben einen Besitz nur da zu, wo zufällig die Römer gleichzeitig ein „Eigentum" nach jus gentium, eben ihre possessio, zuließen. — In dieser Weise wurde denn das Anwendungsgebiet des heutigen Besitzrechtes namentlich nur auf folgende Fälle beschränkt:

1. Auf den sogen. „Eigentumsbesitz": eine moderne Erfindung, eine naive und juristisch unmögliche Absonderung eines Teiles der Rechte aus dem Eigentume oder einer einzelnen Eigentumsbefugniß in der Hand des Eigentümers selbst zu einem ver-

---

[1a]) Unten § 9, 1 a—e.

meintlich „gesonderten" Rechtsinstitute. Dieser Begriff ist nie ein bloßer Besitz; er ist nichts, als: das vollständige Eigentum, aus welchem das Besitzrecht nicht wegveräußert ist! Als ob eine solche Absonderung aus dem Eigentume logisch als Besitzrecht und überhaupt als ein vom Eigentum getrenntes und verschiedenes Recht in der Hand des Eigentümers selbst gedacht werden könnte, während doch jede einzelne im Eigentume inbegriffene Befugniß in der Hand des Eigentümers sich sofort mit dessen Eigentum consolidirt und so niemals eine Construction als ein selbständiges, vom Eigentume verschiedenes Institut zuläßt. Ich glaube diese naive, moderne Construction bereits früher genügend widerlegt zu haben.[1b])

2. Auf die Fälle des sogen. abgeleiteten Besitzes. Die Fälle nämlich des pignus, precarium und des sequester lassen sich auf eine zweifache, auf eine römische[2]) und auf deutsche, Art construiren. α. Entweder so, daß man in diesen Fällen zeitweise das „Eigentum" überträgt. Dies war die Construction der Römer; denn das röm. pignus ist nichts als eine Übertragung des „Eigentums" nach jus gentium (der possessio) behufs der Verpfändung; ähnlich wie die Römer ja innerhalb des jus civile zu gleichem Zwecke in der civilen *fiducia* das civile dominium ex jure Quiritium übertrugen. Ebenso war die röm. precaria possessio nichts, als eine widerrufliche Eigentumsüberlassung nach j. gentium, und die possessio des röm. sequester nichts, als eine Übertragung desselben Eigentums auf die Dauer der Sequestration. β. Oder aber es lassen sich diese Rechtsverhältnisse so construiren, daß man das Eigentum zurückbehält und lediglich das dingliche „Besitzrecht" an der fremden Sache als jus in re aliena dem Faustpfandgläubiger, Precaristen und Sequester einräumt; dies ist unsre deutsche Construction des sog. abgeleiteten Besitzrechtes. In diesen wenigen

---

1b) Darüber meine Abhandlung „Antike und gegenwärtige Bedeutung der röm. possessio", § 21, Grünhut's Zeitschr. Bd. VI, S. 720 f.

2) Ebenda § 15, Grünhut's Zeitschr. VI, S. 709. Analoge Verhältnisse finden sich etwa bei Mobilien noch im englischen Rechte. Es gibt dort ein Eigentum in Miete ꝛc. Vgl. Gundermann, Engl. Privatr., 1864, S. 141. — Daß die Römer in l. 13, § 1 D. Public. 6, 2 u. l. 22, § 1 D. de nox 9, 4 den animus domini, d. i. das Bewußtsein, civiler dominus (ex j. Quirit.) zu sein, ausschließen, beweist nichts; denn auch der animus possidendi ist das Bewußtsein, ein relativer Eigentümer (nach jus gentium) zu sein.

vereinzelten Fällen konnte so bisher in der That ein wirkliches deutsches Besitzrecht unter der Hülle der römischen Eigentumsart possessio bei unsren Romanisten eine spärliche Anwendung finden, weil hier sowohl das röm. Eigentum der possessio als das deutsche Besitzrecht übertragen werden konnte.

3. Eine dritte, weniger glückliche Anwendung fand wieder der bisher herrschende Besitzbegriff, — das Recht „des Besitzes", — in einem vermeintlichen Correlar des röm. Eigentumsstreites über die possessio: in dem sogen. *possessorium* des Mittelalters wie der Gegenwart.[3]) Statt daß man nämlich, wie die Römer in ihrem Interdicte, untersuchte, wer von den Streitteilen durch eine frühere Besitzergreifung: corpore mit animus domini wenigstens plus juris, besseres Recht oder das relative Eigentum der possessio gegenüber dem Gegner erworben hatte, ohne vorläufig zu untersuchen, wem ein noch besseres und das absolute Eigentum (dominium) zustand, untersuchte man in den mittelalterlichen Possessorien bis auf die Gegenwart lediglich: wer hat das „Factum" des Besitzes erlangt? Unsre bisherige Besitzlehre dachte sich da die Besitzklage etwa einfach so: Jeder beliebige Besitzer brauche blos dieses Factum im heutigen Sinne, die Thatsache seines Innehabens darzuthun; alsdann werde dieses Factum des Besitzes „als solches" schon geschützt; sei es 1) gegen bloße Störung ohne Dejektion: interdictum retinendae; sei es 2) gegen Entziehung: interd. recuperandae; sei es endlich 3) gegen Vorenthaltung: interd. adipiscendae possessionis. In dieser Weise dachte man sich Besitz-Factum von „Rechte" unterschieden, und dies erachtete man als den Gedanken schon der römischen Interdicte. Folge davon war: man subsumirte jetzt unter die Firma des modernen Besitzprocesses oder des vermeintlichen Factum eine bunte Reihe derjenigen verschiedenartigsten „Rechte", welche sämmt-

---

[3]) Die mittelalterlichen Gegensätze des petitorium und possessorium sind unrömisch. In Rom nämlich waren die Begriffe »petitio«, actio in rem und judicium in rem als gleichbedeutende Begriffe gegeben; diese schlossen aber den Streit über die possessio nicht aus. Denn auch die Publiciana war in Rom u. zw. ausschließlich eine actio des possessor und damit zugleich eine »petitio« und judicium. In ihr war also der Streit über die bloße possessio gleichfalls ein petitorium im röm. Sinne — judicium im Gegensatze zur extraordinaria cognitio. — Vgl. meine Abhandl. in Grünhut's Zeitschr., § 8, Bd. VI, S. 577 ff., unten § 5 Note 14.

lich durch factische Besitzergreifung „erworben“ werden. Dies aber ist der Fall, wie die Aufzälung in § 4 ergeben wird, nicht blos bei dem wirklichen Besitzrechte, sondern noch bei vielen andern Rechten: Soweit demzufolge der Kläger in diesem possessorium u. a. — etwa unter der Firma eines sog. Eigentumsbesitzes[4]) — ein relatives Eigentum erstrebte, lag hier in der Wirklichkeit ein Eigentumsstreit, und nur soweit er ein bisher schon anerkanntes wirkliches Besitzrecht verfolgte, z. B. den bisher schon positiv anerkannten, sog. abgeleiteten Besitz des Sequester, Präcaristen, Pfandgläubigers, oder das früher partikular, = jetzt reichsrechtlich anerkannte Faustpfand, oder etwa das unter der Formel der exceptio doli geschützte Besitzrecht des Retentionsberechtigten ꝛc. — in diesen wenigen Fällen — lag ein wirkicher deutscher Besitzstreit vor. Das possessorium war daher nur zum mindesten Teile ein Besitzproceß oder ein Streit um das wirliche, bloße Besitzrecht, zumeist ein Streit um andere Rechte, und der Umstand, daß bei vielen Rechten das Vorliegen eines factischen Besitzes wie factische Zustände zu dem Erwerbe des Rechtes führen, und bei denselben im Falle einer Verletzung und Klage einzig über das Vorhandensein dieses Factum Beweis zugelassen werden muß, gab zu der Verwechselung Anlaß, als ob es sich in einem Streite um diese Rechte überhaupt nur um ein Factum des Besitzes handle, nicht um ein Recht. Diese Annahme aber ist eben jene logisch schon wie geschichtlich unmögliche Annahme Savigny's und der herrschenden Besitztheorie, welche, wie schon erwähnt, neuerlich von der Theorie mehr und mehr verlassen wird.[5])

Der Erfolg dieser herrschenden Besitztheorie war auf diese Weise: Einerseits das Absurdum, daß man einen thatsächlichen „Besitz“ jetzt selbst in Fällen als gegeben annehmen mußte, in welchen derselbe nicht einmal vorhanden war und vorhanden sein konnte, dessen Annahme daher geradezu eine Sinnwidrigkeit[6]) er-

---

[4]) Vgl. oben Ziffer 1.

[5]) Vgl. u. a. oben § 1 Note 9.

[6]) Principiell z. B. l. 17 pr. l. 22 D. de a poss. 41, 2. Im Einzelnen vgl. über Fälle, in welchen die possessio überhaupt ohne jede Tradition des Besitzes im heutigen Sinne, nämlich durch Verträge erworben wurde, meine „antike u. gegenw. Bedeutung der röm. possessio“, § 9, Grünhut's Zeitschr. Bd. VI, S. 581—582 mit Note 18; unten § 9 Ziff. 3, § 12 Text zu Note 6—9, § 9 Z. 1 a—e.

schiene: in den Fällen des röm. „Eigentums" der possessio, in welchem der factische Besitz nie der ganze Inhalt, sondern nur der Erwerbgrund ist, ja in welchem überdies häufig auch selbst der Erwerb z. B. beim constitutum, z. Teil bei der longa manu traditio, bei allen letztwilligen Zuwendungen, Legaten rc. nicht einmal einen Besitz erforderte. Anderseits, daß man umgekehrt da, wo ein wirklicher factischer Besitz und ein Besitzrecht in der That vorhanden ist, und dieses eines Rechtsschutzes im Besitze der Sache recht wohl bedurft hätte, dasselbe zumeist völlig klage- und rechtlos beließ; z. B. in den oben § 2, b erwähnten Beispielen: des Retentionsberechtigten, bei dem, welcher mit suspensivem Eigentumsvorbehalte seines Vorbesitzers bloßer Besitzer geworden ist, beim Depositar, Finder, Pächter, Mieter rc. Diese alle erscheinen nach röm. Rechte an sich, aus eignem Rechte, Störungen des Eigentümers oder Dritter gegenüber, in Bezug auf die Sache klage- und schutzlos. So erscheint die bisherige Besitzlehre vor allem schon practisch ungenügend. — Abgesehen hiervon und hauptsächlich aber ist eben jene weitere, folgenreiche Consequenz zu verzeichnen: man verlegte damit im positiven Rechte den Besitzbegriff selbst über das reale Anwendungsgebiet nicht blos des Besitzrechtes, sondern des Rechtes überhaupt hinaus. Indem unsre herrschende Besitzlehre in den unrömischen, mittelalterlichen Gegensätzen des petitorium und possessorium nicht blos die Gegensätze von Eigentum und Besitzrecht, sondern auch die Gegensätze von Recht und Factum im heut. Sinne oder Thatsache erblickte, sah dieselbe so in dem, vom Rechte geschützten Besitze, nicht einmal mehr ein Rechtsverhältniß überhaupt. Damit eben verflüchtigte sich der Besitzbegriff nicht blos in das Ungeschichtliche,[7]) sondern auch in das Unthatsächliche und Nebelhafte: dem aufgestellten Begriffe des Besitzes entsprach keine reale und concrete Wirklichkeit des Rechts mehr, und man ersah nicht einmal mehr, welches Recht, ob im Besitzprocesse ein relatives Eigentum oder ein Besitzrecht oder welch' sonstiges Recht, im Streite begriffen war. — —

Nicht blos ein Savigny definirte so seine vermeintliche „possessio" anfangs als Factum allein und erst von der 6. Aufl. seines R. d. B. an als Recht und Factum im heutigen Sinne zu-

---

[7]) Vgl. oben § 1 Note 26.

gleich[8]); sondern noch schroffer ist diese herrschende Besitztheorie in den modernen französischen und deutschen Gesetzgebungen aufgetreten; namentlich die moderne Proceßgesetzgebung ist der eigentliche Sitz dieser extremen Besitzlehre; in diese hat vorwiegend die herrschende Besitzlehre auch selbst ihre Civilrechtsbestimmungen über den Besitz geflüchtet, gleichsam als ob dieselbe die ratio, die Kritik und die einheitliche Consequenz, des Civilrechts miede. Aus diesem ihrem Schlupfwinkel müssen wir daher unsre herrschende Lehre in dem folgenden § 4 vor allem hervorziehen, wenn wir sie nach ihrem Werte prüfen wollen.

§ 4. Die Verwertung dieser herrschenden Besitzlehre durch die moderne Proceßgesetzgebung insbes. und deren Kritik im Allgemeinen. — Namentlich unter dem Einflusse und nach dem directen Vorbilde der Polizeibestimmungen der französischen Proceßgesetzgebung[1]) ist der vermeintlich mögliche Gegensatz zwischen Recht und Factum (Besitz in dieser Auffassung) in unsere modernen Gesetzgebungen übergegangen und dort zumeist in folgenden Grundzügen von höchst zweifelhaftem Werte fixirt:

1. Die Besitzklage kann mit der Klage, durch welche das „Recht" verfolgt wird, nicht cumulirt werden.

2. Ist die Klage aus dem Rechte erhoben, so kann von der Besitzklage nicht mehr Gebrauch gemacht werden, wohl aber umgekehrt.

3. Selbst in so radicaler Reinheit hat man in der Besitzklage das Factum von dem Rechte trennen zu können vermeint, daß man Einreden aus dem „Rechte" gegen die Besitzklage ausschloß.

Eine dieser herrschenden Anschauungen ist es eben, welche, wie bereits erwähnt, schon jetzt und noch vor einer einheitlichen Regelung unsres deutschen Besitzbegriffes durch unsre bevorstehende Civil-

---

[8]) Vgl. Randa in Grünhut's Zeitschr., Bd. VI, S. 465.

[1]) Code de procedure art. 25—27. — Hannover. Proc.-Ordn. von 1850, § 505—506; Preuß. Entw. e. Pr.-Ord. v. 1864, §§ 840—841; Bayr. Pr.-Ord. v. 1869, §§ 584—586; Baden, § 669; Württemberg, Art. 321; Hannov. Entw., § 232; Norddeutsch. Entw., § 198. Ueber die Idee der franz. possession u. a. vgl. Zachariä, Handbuch des franz. Civilr. I, § 185 a. Neuerdings finden sich obige Sätze leider wieder beispielsweise im Bayr. Ges. vom 23. Febr. 1879 zur Ausführung der Reichs-Civ.-Pr.-O. und Concursordnung, Art. 82—84 rc.

gesetzgebung leider auch bereits in eine versteckte einzelne Stelle eines neueren Reichsgesetzes eingedrungen ist; § 232, Abs. 2 der Deutschen Civilproceßordnung vom 30. Januar 1877 bestimmt:

„Die Besitzklage und die Klage, durch welche das Recht selbst geltend gemacht wird, können nicht in einer Klage verbunden werden."

Diese Grundsätze aber, welche den von Savigny selbst nur teilweise zugegebenen Irrtum: Besitz ist Factum (Thatsache) und Gegensatz vom „Rechte", nun vollständig und ausnahmslos wiedergeben, halten weder geschichtlich, noch logisch, noch vom praktischen Standpunkte eine eingehende Kritik aus.

Geschichtlich schon beruht diese Besitztheorie, wie erwähnt, auf einer Kette von Mißverständnissen des röm. Rechts, welche nicht nur in der possessio einen Besitz, sondern auch in dem römischen technischen Begriffe des *factum* eine Thatsache (ein Factum im heut. Sinne) verstanden. Possessio wie römisches factum schon indeß bezeichnet nicht diesen Begriff, sondern ein „wirkliches Recht".[2]) — Aber vor allem auch logisch ist diese herrschende Anschauung unhaltbar. — Fassen wir einen Augenblick in das Auge: was ist denn eine „Thatsache" im Rechte, und „kann" denn der Anspruch auf Gewährleistung eines factischen Besitzes durch das Recht in der Wirklichkeit als bloßes „Factum" im heutigen Sinne oder als eine bloße Thatsache aufgefaßt werden?

Eine Klage aus einem solchen reinen Factum oder reiner „Thatsache" wäre etwa die folgende: Weil ich bisher auf dem Grundstücke meines Nachbarn ohne Recht und rechtlichen Endzweck herumgegangen; weil ich dessen Früchte factisch zertreten, dessen Wasser factisch beliebig da und dorthin geleitet oder vergeudet, dessen bewegliche Gegenstände ohne jeden rechtlichen Zweck, Bewußtsein, Absicht und Rechtsgrund in Händen gehabt oder noch factisch besitze: deshalb bitte ich klagsweise, den Gegner zu verurteilen, mich in diesem Factum oder „Besitze" zu belassen! — Einer solchen Klage würde es doch wohl an dem elementarsten, logisch-juristisch zu erfordernden Gliede einer Schlußfolgerung fehlen, um aus ihr auf ein Recht schließen und diese conclusio als ein Urteil

---

[2]) Hierüber das Nähere in meiner Abhandlung über die röm. possessio, § 13 mit den Noten. Grünhut's Zeitschrift, Bd. VI, S. 702 ff. Vgl. oben § 1 Note 26.

und Recht aussprechen zu können; jedes Urteil ist ja bekanntlich nur ein logischer Schluß, in welchem ein Rechtssatz für bestimmte factische Verhältnisse den Obersatz, der Eintritt dieses Factum den Untersatz, und das Urteil, daß eben deshalb hier das Recht in concreto vorliege, eine conclusio bildet; einer solchen Klagebitte also, in der angegebenen Weise urteilen zu wollen, würde es schon an dem Obersatze der logischen Schlußfolgerung, an dem Umstande gebrechen, daß ein Recht, ein Besitzrecht in abstracto, von Anfang an vorhanden sein müsse, um ein Recht in concreto zuerkennen zu können. — Zwar wird jedes einzelne Recht durch Thatsachen, d. i. durch ein Factum im heutigen Sinne, geschaffen und „erworben"; das Eigentum z. B. durch die Thatsache des factischen corpus mit animus domini, das Erbrecht durch die Thatsache der Erbeseinsetzung, des Erbschaftsantrittes; die obligatio durch die Thatsache der gegenseitigen Willenserklärung oder des Consenses; das Besitzrecht durch deutsche factische Besitzübertragung ꝛc. Insoweit ist das Factum von Einfluß. Aber das, was im „Rechte" in Frage kommt, ist doch nie diese Thatsache, dieser Erwerbgrund allein, sondern im Gegenteile stets nur die „Abstraction" von dem Factum: der durch das Factum erzielte oder erworbene Rechtserfolg oder das Product des Rechtes selbst.

Endlich ist diese Trennung von Factum und Recht auch praktisch gedacht gleich wertlos wie unmöglich. — Merkwürdigerweise zwar hat sich diese Annahme, der klagsweise behauptete Besitz verfolge lediglich eine Thatsache oder ein Factum, selbst auch in einer höchst beachtenswerten Praxis festgesetzt, sich nicht nur dort äußerlich und scheinbar bewährt, so zwar, daß sich diese Praxis bei ihrer vermeintlichen Trennung des Besitzes vom Rechte ganz wohl befindet, sondern auch von da zu uns verbreitet. — Es ist dies der Fall mit dem französischen Besitzprocesse. — Der richtigeren Anschauung könnte daher sofort auch noch der Einwand entgegengehalten werden: die herrschende, schon durch die Autorität Savigny's gestützte Trennung von Recht und Factum hat sich ja längst im französischen Processe auch noch praktisch bewährt; wozu eine Neuerung? Und trotzdem ist diese Herübernahme einer vermeintlichen Trennung von Recht und Factum aus dem franz. Processe ohne Berechtigung und für uns völlig ohne praktischen Wert.

In der That liegt zwar gerade in der Trennung der Aburteilung über das sog. Recht, welche der französische Collegialrichter, und der Aburteilung über das, unter dem Namen Besitzproceß zusammengefaßte, vermeintliche Factum, welche der französische Einzelrichter (Friedens-Amtsrichter) besorgt, ein beachtenswerther prozessual-legislativer Kunstgriff der Napoleonischen Gesetzgebung vor, welcher bei einer näheren juristischen Aufklärung dessen, was der französische Gesetzgeber denn eigentlich wollte, wenigstens innerhalb der französischen Gesetzgebung besser motivirt werden kann und für letzteres Recht nicht nur von prakt. Tragweite ist, sondern auch von einem gewissen gesetzgeberischen Geschicke und Talente zeugt, so zwar, daß es sich im Grunde hier sogar fragen wird, ob wir mittels Verständnisses, d. i. mittels einer richtigen Erfassung der für uns gegenüber dem französischen Rechte gegebenen und veränderten Verhältnisse sowie legislativen Endzwecke auf dem correcteren Wege[3]) nicht mindestens eine gleich günstige Lage erreichen werden, wie der französische Proceß.

Das französische Proceßrecht nämlich weist die Aburteilung des sog. Factum ausschließlich dem Friedensrichter, dem Bagatellrichter, zu. Dieser aber war bekanntlich, namentlich früher, nicht selten rechtsunkundig. Die Trennung der Judicatur über das vermeintliche Factum von der Aburteilung über das sog. Recht in art. 25 des code de procédure hatte daher im franz. Processe den praktischen Erfolg, daß selbst auch ein Laie, selbst auch der rechtsunkundige Friedensrichter, — indem er nichts zu untersuchen hatte, als die Thatsache: liegt ein factischer Besitz oder das römische corpus vor? indem so That- und Rechtsfrage vollständig getrennt war, — gleich einem Geschwornen mit Leichtigkeit über ganze Reihen von „Rechten“ provisorisch oder definitiv entscheiden konnte, welche alle, wie wir unten sofort ersehen werden, „durch factischen Besitz erworben“ werden. Denn der franz. Friedensrichter konnte dies, ohne die nötigen Rechtskenntnisse zu besitzen, diese verschiedenen Arten von Rechten, welche durch den Besitz erworben sind, zugleich juristisch zu unterscheiden, und so scheinbar ohne auf eigentliche Rechtsfragen zu stoßen.

Diese Scheidung von Recht und Factum somit ist da von äußerer, praktischer Bedeutung, wo der sog. Besitzproceß im franz. Sinne und der vermeintliche Streit um das Recht je einem be-

---

[3]) Vgl. unten §§ 8, 10 u. 5.

sonderen Richter, ersterer einem Bagatellrichter, letzterer einem Collegium, zugewiesen ist. Denn sie ist so im französischen Processe gewissermaßen eine stillschweigende Trennung der That- und der Rechtsfrage, soweit dies nur immer im gegebenen Falle ausführbar erscheint.

Aber selbst auch in diesem französischen Processe ist wohl trotzdem die fragliche Trennung sowohl factisch unmöglich als praktisch wertlos. Denn auch hier ist:

1. Vor allem die factische Täuschung, die Unverdautheit des Besitzbegriffes und die Selbsttäuschung, daß in dem Besitzprocesse nur über ein Factum abgeurteilt werden könne, unverzeihlich und einer wissenschaftlichen Jurisprudenz unwürdig. In jedem einzelnen derartigen Besitzprocesse vielmehr ist das vermeintliche Factum oder die nachgewiesene Thatsache des Besitzes nur der „Erwerbgrund" des strittigen Rechts, nie aber der ganze Inhalt und Gegenstand dieses im Streite begriffenen sog. Besitzrechtes. Auch der französische Einzelrichter erforscht daher, während er das Factum untersucht, unbewußt, wie wir sofort unten sehen werden, stets nur, ob durch die Thatsache des Besitzes (durch sein Factum) irgend ein erst noch näher juristisch zu definirendes „Recht" erworben ist; und abgesehen hievon

2. Was nützt es praktisch einer Gesetzgebung, die Thatfrage, ob jemand durch Besitz (durch Factum oder corpus) mit animus domini oder juris allein schon relativ berechtigt, entweder relativer Eigentümer, oder Erbe oder sonst berechtigt ist, von den übrigen Fragen der Eigentumsuntersuchung, des Erbschaftsstreites &c., wenn auch nur vorläufig, aber regelmäßig zu trennen, wenn hierdurch die an sich einheitliche Eigentumsuntersuchung &c. nur, statt daß dieselbe in einem Processe erschöpft wird, in zwei und mehr Processe zerrissen und die Schwierigkeiten, welchen im possessoire blindlings aus dem Wege gegangen wird, nur später in einem pétitoire gesondert und vielleicht verstärkt wiederkehren. Es ist vollständig zweckentsprechend, nach Art der §§ 136—138 der D.C.P.O. bei dem Vorliegen von Zweckmäßigkeitsgründen dem Richter zu gestatten, den Streit über das absolute und relative Recht zu trennen. Aber ein Zwang, dies immer zu thun, ist absurd. Denn dann wird derselbe Rechtsstreit eben, statt in einem, in mehreren Processen entschieden und: der Volkswohlstand verblutet sich in einem zwei- bis vierfachen Processe, statt in einem

Processe mit weit weniger Aufwand von Zeit, Geld und Mühen eine sofortige Entscheidung zu finden.

Das Thema unter 2. gedenke ich an einem anderen Orte[4]) in speciellen Anwendungen auszuführen. Hier dagegen wollen wir vorläufig lediglich — zum Nachweise des zu 1. Gesagten zurückkehrend, zum Nachweise, wie sehr es eine factische Täuschung ist, zu glauben, daß im Besitzprocesse nur über das Factum oder die Thatsache des Besitzes allein entschieden werde — uns doch einmal etwas näher besehen, was denn eigentlich alles — sowohl unter dem sogen. Rechte „des Besitzes" nach Savigny, als unter dem sogen. Factum oder Besitze, welches der Einzelnrichter des französischen Processes untersucht, — verborgen steckt.

Der Nachweis eines bloßen factischen Besitzes im bisherigen gemeinen possessorium konnte gemeinrechtlich involviren, 1) wenn animo domini ausgeübt: ein absolutes Eigentum. Z. B. beim originären Erwerbe der sog. freien Güter, der res quae terra, mari, coeloque capiuntur, der derelinquirten Grundstücke &c.; denn die Occupation, die bloße factische „Besitzergreifung" solcher herrenloser Güter erwirkt animo domini sofort dominium;[5]) ferner 2) ein relatives Eigentum der possessio oder sogen. besseres Recht: bei der Occupation einer fremden Sache animo domini;[6a]) 3) ein wirkliches deutsches Besitzrecht; z. B. ich retinire den factischen Besitz einer fremden Sache ohne animus domini bis zur Bezahlung meiner Gegenforderung, oder als Faustpfand; oder ich were als Finder den fact. Besitz der Sache ohne animus domini, so lange, bis ich die Sache an die Polizeibehörde oder den Eigentümer abliefere; 4) eine quasi-possessio servitutis; ich gehe factisch über ein fremdes Grundstück, in der Absicht, eine mir selbst zustehende servitus itineris &c. auszuüben; 5) einen deutschrechtlichen Besitz einer Servitut oder einer Reallast; ich benutze factisch das Wegrecht des servitutberechtigten Eigentümers des von mir gepachteten praedium dominans, oder ich ziehe die Früchte einer fremden Reallast, des von mir gepachteten Bodenzinses, Zehents; 6) ein „Erbrecht": ich mische mich factisch als nächster Verwandter in den Besitz des Nachlasses; 7) einen deutschrechtlichen

---

4) Vgl. unten §§ 8 u. 5.

5) l. 1, § 1 bis l. 35 D. de a rer. dominio 41, 1; §§ 12—34 J. de rer. divis. 2, 1; l. 1, § 1 D. de a poss. 41, 2 &c.

6a) Oben § 2, a.

Besitz des Erbrechts: ich verfüge als Testamentsexecutor oder als procurator des Erblassers oder Erben factisch über die fremde Erbschaft; 8) eine *obligatio:* ich bin factisch abs. oder relat. possessor einer mir gehörigen oder gefundenen Obligation au porteur, erhebe die Coupons von dem Schuldner für mich; 9) einen deutschrechtlichen Besitz einer obligatio: der Verwalter eines in Staatsobligationen bestehenden fremden Vermögens erhebt factisch die Couponszahlungen, der legal Bevollmächtigte (Mandatar) die Hypothekzinsen für den Berechtigten; 10) ein Familienrecht: der Besitzer eines Kindes prätendirt die patria potestas und die Verwaltung des Vermögens des Kindes für sich oder als Besitzrecht in Ausübung für andere rc. — — Kurz, sowohl Savigny's Recht „des Besitzes", als das, worüber der französische Friedensrichter entscheidet, wenn er vermeintlich auch nur das Dasein eines Factum untersucht, ist bald dieses, bald jenes: „Recht", enthält möglicherweise alle diese obengenannten „Rechte" in sich, und der generelle Name: Factum oder Besitz, Recht des Besitzes, sowie der Name des heutigen Besitzprocesses oder das sogen. possessorium, ist ein „Gattungsbegriff", in welchem bei richtiger Begriffsbestimmung sich vielleicht Dutzende verschiedener „Rechte" und Klagen bunt zusammengewürfelt finden: diese Begriffe sind entweder ein juristisches Nichts oder ein noch „undefinirtes Recht", so daß wir da jedesmal erst wieder weiter fragen müssen, welches Recht ist denn aber dasjenige, worüber der Einzelrichter unter dem Namen Factum, und welches Recht ist denn eigentlich das Recht „des Besitzes" oder des Factum, welches Savigny in einem Besitzstreite abgeurteilt wähnt: Beide subsumiren so im Grunde unter dem Namen des Factum und Besitzes ein reines Recht, ohne entweder auch nur zu ersehen, daß es sich in der Wirklichkeit um dies Recht handelt oder doch wenigstens, ohne den Namen dieses Rechts noch zu kennen! — — Deshalb ist der bisher herrschende Besitzbegriff und Besitzproceß auf eine richtigere Begrenzung zurückzuführen. In der Wirklichkeit gibt es keinen Besitzproceß, in welchem nicht ein „Recht" verfolgt wird; es wäre absurd, anzunehmen, daß in einem „Rechts"-Streite ein „Factum" ohne Recht in Frage kommen könne! Eine Trennung einer Besitzklage und einer Klage, durch welche ein Recht geltend gemacht werden sollte, ist eben deshalb niemals zu erreichen, so sehr dieselbe auch der französische Proceß und leider auch § 232

Abs. 2 der Deutschen Civil-Proceßordnung von 1877 vorschreiben wollte! — —

Mit dieser Annahme nun, daß der Besitz ein bloßes Factum sein solle, ist es denn auch vor allem dem französischen Rechte selbst nicht so ganz Ernst. Dieses zeigt sich vielmehr mit dieser Annahme selbst bereits in einem unlöslichen Widerspruche begriffen. Denn während einerseits der französische Proceß und auch art. 2228 des code civil den Besitz als Detention oder Factum kennzeichnet, sieht derselbe code civil anderseits sich genötigt, wenigstens bei Mobilien anzuerkennen, daß ganz dieselbe possession allerdings ein Recht begründe; denn art. 2279 cod. civ. besagt klar: en fait de meubles la possession vaut „titre"; während also das franz. Recht in den art. 25—27 des code de procédure noch den Proceß um das Recht und das vermeintliche Factum des Besitzes (possessoire) trennen zu können vermeinte, muß dasselbe hier selbst zugeben, daß bei Mobilien trotzdem jedes possessoire im Grunde ein pétitoire, ein Streit nicht um das Factum, sondern selbst um ein titulirtes „Recht" sein kann! Kurz es wiederholt sich auch im französischen Rechte dieselbe unmögliche, widerspruchsvolle Duplicität des bisherigen Besitzbegriffes, wie innerhalb des gemeinen deutschen Rechtes.[6b])

Auf diese Weise unterliegt schon diese Trennung von Recht und Factum innerhalb des französischen Besitzprocesses selbst erheblichen juristischen — logischen wie thatsächlichen — Bedenken. Aber es ließe sich ja hier das, was der franz. Gesetzgeber wollte, wenigstens besser aufklären und nötigenfalls auch ausführen. So etwa, wenn die franz. Gesetzgebung sagen würde: der Friedensrichter solle im Eigentum, Besitzrechte ꝛc. nur über diese Rechte entscheiden, soweit solche durch factischen Besitz allein erworben werden; die Untersuchung des sonstigen Erwerbes derartiger „Rechte", den Erwerb ex justa causa ꝛc. soll derselbe dem Collegium überlassen. In dieser Weise wäre die Vorschrift im franz. Rechte wenigstens ausführbar, wenn auch der Wert dieser Vorschrift, wie gezeigt, ein höchst zweifelhafter erscheint.

Wenn aber so die Trennung von Recht und vermeintlichem Factum schon im französischen Processe erheblichen Bedenken unterliegt, so ist ein unverdautes Herübernehmen dieser Trennung für

---

6b) Vgl. § 2 a. Note 6—9, § 1 Note 11, § 7, b.

unsren deutschen Proceß, welcher den sogen. Besitzproceß nicht besonderen Gerichten zuweist, geradezu ohne Sinn und Wert. Es wäre dies hier nicht blos vom Standpunkte der Wissenschaft und, wie wir in § 5 ersehen werden, einer praktischen Proceßvereinfachung sehr von Übel, sondern es wird hier sofort nachgewiesen werden können, daß überdies die ganze bezügliche Vorschrift des § 232 Abs. 2 der D.C.P.O. von 1877, welche diese Trennung gebietet, überhaupt eine kleine Calamität ist, welche nur aus einem Redactionsversehen in unser deutsches Gesetzbuch gelangte, so daß unsre Rechtssprechung hier im Grunde nur einem Versehen des Gesetzgebers, einer Laune des Zufalls zum Opfer gefallen ist, welche sie ohne erreichbaren Endzweck grundlos beengt und schädigt.

Die Motive zur Reichs-Civilproceßordnung vom 30. Januar 1877[7]) nämlich ergeben, daß die Cumulation der Besitz- und Eigentumsklagen zwar an sich statthaft befunden wurde. Aber die Unzulässigkeit einer Verbindung der sogen. Besitzklage und der Klage, durch welche das sogen. „Recht" selbst geltend gemacht wird, vor dem Landgerichte wurde dessenungeachtet in § 232 Abs. 2 der C.P.O. oder § 219 des Entwurfes deshalb aufgenommen, weil man von der ausdrücklich erwähnten Voraussetzung ausging, das später zu erlassende Gerichtsverfassungsgesetz werde, wie das französische Recht, die Besitzklagen ohne Rücksicht auf den Wertbetrag an den Einzelrichter oder Amtsrichter verweisen.[8]) —

[7]) Begründung des Entwurfes d. D.C.P.O., Berlin, 1872, § 219 S. 235: „Ein Besitzproceß als besondere Proceßart ist dem Entwurfe unbekannt; die Cumulation der Besitzklagen mit den Klagen aus dem Rechte selbst würde daher an sich statthaft sein. Da aber die Besitzklagen durch das Ger.-Verf.-Ges. ohne Rücksicht auf den Wertbetrag vor die Amtsgerichte verwiesen werden, so wird schon durch § 219 Abs. 1 die Cumulation derselben mit der Klage aus dem Rechte selbst vor den Landgerichten ausgeschlossen. Der Entwurf ist in § 219 Abs. 2 weiter gegangen; um das in weiteren Rechtsgebieten Deutschlands geltende R. (vgl. code de procéd. art. 25, Hannover, § 505, Baden, § 669, Württemberg, art. 321, Bayern, art. 585) bei Bestand zu belassen, hat er in Uebereinstimmung mit dem hannover. Entwurf, § 232, und mit dem norddeutschen Entw., § 198, jede derartige Cumulation untersagt".

[8]) Ueberdies hat man in dem § 232 Abs. 2 der D.C.P.O. diese Verbindung der Besitzklage mit der vermeintlich alleinigen Klage aus dem Rechte auch selbst vor dem Einzelrichter ausgeschlossen. Diese Vorschrift vollends läßt sich nur aus einer blinden, mißverständlichen Nachahmung des

Diese vom Gesetzgeber des § 232 Abs. 2 ins Auge gefaßte Voraussetzung nun ist aber in der Folge, in dem später beratenen Gerichtsverfassungsgesetze, in dieser Allgemeinheit bekanntlich nicht eingetreten. Das später beratene d. „Gerichtsverfassungsgesetz" vom 27. Januar 1877 verweist in § 23 Ziff. 2 einzig zwar einzelne sporadische Klagen aus einem deutschrechtlichen Besitze ohne Rücksicht auf den Wert des Streitgegenstandes vor den Einzel- oder Amtsrichter; einzig nämlich Klagen aus der Miete von Wohnungs- und andern Räumen: wegen Überlassung, Benutzung, Räumung, sowie bezüglich des Retentionsrechtes von Sachen des Mieters. Für jedes andere Besitzrecht dagegen ist die Competenz des Amtsrichters gemäß § 23 Ziffer 1 und § 70 Abs. 1 des Gerichtsverfassungsgesetzes nur bei einer Summe[9]) bis zu 300 Mark gegeben.

Daher dürfte nicht zu bezweifeln sein, daß der teils civilrechtliche, teils processuale Inhalt des § 232 Abs. 2 der D.C.P.O. vom 30. Januar 1877, — als eine factisch wie rechtlich unmögliche und deshalb wertlose Bestimmung des deutschen Proceß-Gesetzbuchs; überdies teils herausgerissen aus dem materiellen Systeme des Besitzrechtes im kommenden deutschen Civilgesetzbuche, teils im Widerspruche mit dem eignen, ausgesprochenen Willen des bisherigen Proceßgesetzgebers — als ein formales Versehen sowie als eine materiell unhaltbare Bestimmung — auf einem dreifachen Wege dereinst eine Correctur erhalten kann. Entweder auf dem Wege der kommenden Civilgesetzgebung ohne Proceßnovelle, da kaum ein Civilgesetzbuch ausführbar sein wird, ohne in Proceßvorschriften einzugreifen, wie ebenso auch umgekehrt; abgesehen davon, daß hier nur der civilrechtliche Inhalt des Proceßgesetzparagraphen zu beseitigen wäre (§ 12 Note 11); oder zweitens auf

---

in mehreren deutschen Proceßgesetzen bereits adoptirten französischen Rechts erklären; denn diese eine Maßnahme würde bei richtigerer Erfassung des Besitzbegriffes, wie oben gezeigt, selbst in einem französischen Processe kaum länger Stich halten können und gerade dessen eigentlichem Gedanken widersprechen.

[9]) Dies ist zudem eine Wertsbestimmung, bei welcher in Anwendung auf den Besitz zufolge § 6 der C.P.O. sogar der Wert des ganzen Streitgegengegenstandes zu Grunde zu legen (vgl. jedoch § 9 Ziff. 7 a. Ende) wäre, und eine Competenz, welche bei Besitzstreiten über Immobilien zufolge §§ 25, 38 und 40 Abs. 2, C.P.O. nicht einmal durch Prorogation an den Einzelrichter gebracht werden darf, so daß also in der That Besitzklagen über Immobilien regelmäßig nur selten an den Einzelrichter (Amtsrichter) gelangen dürften.

dem Wege der Proceßgesetzgebung; etwa durch eine einfache Streichung in einer dereinstigen Novelle; wie denn auch solche Novellen nach allen bisherigen geschichtlichen Erfahrungen selbst bei den besten Gesetzgebungen — ich erinnere an die Novellen Justinians, die Novellen zu Feuerbachs bekanntem Strafgesetzbuch von 1813 rc. — kurz nie ohne Nachteile vermieden werden konnten, solange brauchbare Gesetzbücher geschaffen wurden. Oder aber man könnte drittens eine Änderung hier um deswillen überhaupt unterlassen, weil ja, wie bemerkt, eine Klage aus einem Factum ohnehin nirgends existirt, sondern thatsächlich alle Klagen, auch die bisherigen Possessorien, „Klagen aus dem Rechte" sind, so daß jene französische Nachahmung doch in der Wirklichkeit ohnehin niemals bei uns zur Anwendung kommen kann. Es würde z. B. dann, wenn das Civilgesetzbuch oder die neuere Civilrechtswissenschaft als Theorie oder Praxis das Besitzrecht als *jus* in re, den Besitzerwerb animo domini als relatives Eigentum anerkennt, einer Beseitigung des § 232, Abs. 2 der D.C.P.O. kaum mehr bedürfen und diese gegenstandslos werden; denn beide Begriffe sind Rechte.

Dafür nun, daß die am Eingange dieses Paragraphen hervorgehobenen Principien der modernen Gesetzgebungen einer gemeinsamen Verbesserung bedürfen, werde ich mich hier vorläufig nur noch im Allgemeinen auf das in der Note[10]) beigefügte Urteil

---

[10]) Wernz Com. zur bayr. Proc. Ord., Band I, 1871, art. 585, S. 536, Ziff. 1 u. 2 sagt wörtlich in Bezug auf den analogen bayr. Proceß: — „Unsre „Proc. Ord. nahm die strengen Normen des franz. Rs. zum Muster und verfügte im Einklange mit cod. de. proc. art. 25 und 27: 1) daß Possessorium „und Petitorium nie cumulirt werden dürfen, 2) daß gegen die Besitzklage „Einreden oder eine Widerklage, welche das Recht selbst betreffen, nicht zulässig „sind. — — Meiner Ansicht sind die hierin liegenden Neuerungen vom pract. „Standpunkte aus eher ein Rückschritt, denn als Fortschritt zu betrachten, „und hätte eher Grund vorgelegen, unter Ausdehnung der Bestimmungen der „Ger. Ord. (bayr. G. O. v. Kreitmayr von 1753) die Cumulirung unbedingt zuzulassen, als sie ganz zu verbieten.

„Im franz. Re., wo die Aburteilung von Possessorium und Petit. verschiedenen Gerichten übertragen und die bez. Zuständigkeit so streng geschieden ist, daß sie sogar durch Vereinbarung nicht verrückt werden kann, ist „diese Strenge, wenn auch nicht nötig, doch erklärlich; allein diesseits, wo „der nemliche Richter über beide Klagen zu erkennen hat, erscheint sie mir „nicht gerechtfertigt. Es sind mir in der Praxis Fälle vorgekommen, wo sich

eines sehr geachteten Praktikers berufen; die Unzulänglichkeit der hervorgehobenen Principien im Einzelnen dagegen werde ich dann im folgenden §. 5 specieller berühren. — Ich citire hier vorläufig noch das Zeugniß eines, durch seinen Commentar der Bayr. Proc. Ord. von 1869 namentlich in Bayern in hohem Ansehen stehenden, mit dem französischen wie rechtsrheinischen Civilprocesse gleich vertrauten, jetzigen Mitgliedes des Reichsgerichtes: das Urteil von Wernz. —

§. 5. Unhaltbarkeit der bisher berührten Principien der modernen Proceß-Gesetzgebungen im Einzelnen.

1. Das Verbot der Verbindung (Cumulation) der bisherigen sog. Besitzklage mit einer Klage aus dem Rechte specieller betrachtet. — Daß eine Trennung sowohl überhaupt, als auch innerhalb des Eigentums und Besitzrechtes, schon aus den in § 4 dargethanen Gründen, schon deshalb eine Unmöglichkeit ist, weil ein bloßes Factum des Besitzes im Rechte nirgends als Rechtsanspruch in Betracht gezogen, d. i. nie klagsweise verfolgt werden kann, vielmehr stets nur das „Recht", welches „durch dieses Factum erworben" wird, habe ich bereits oben gezeigt. Aber auch selbst das absolute Gebot einer Trennung der Klagen aus jenen verschiedenen wirklichen „Rechten", welche man bisher unter der irrtümlichen Qualification als „Recht und als Factum" getrennt hat, wäre, wie wir ersehen werden, eine Unzweckmäßigkeit. — Vergleichen wir kurz die einzelnen, oben § 4 erwähnten Fälle, in welchen man bisher diese Klagen aus einem Rechte und einem Factum oder Besitze wirklich trennen zu können vermeinte, soweit diese das Eigentum oder Besitzrecht betreffen. —

a) An einem freien Gute ist durch das Factum des Besitzes (corpore et animo domini) mittels originären Erwerbes possessio erworben worden; z. B. an freien Walderzeugnissen, an res, quae coelo, terra, marique capiuntur, an derelinquirten Grundstücken, an einer Insel, welche sich im Meere gebildet, am

„aus Erwerbsurkunden, Ortsplänen und Ortsbesichtigung sofort das Recht „des wegen Störung Beklagten klar herausstellte, nichtsdestoweniger „aber die Besitzklage zugesprochen und das Besitzurteil vollzogen werden mußte, „ehe das vor Augen liegende R. zur Anerkennung gebracht werden konnte. „Ein derartiges Verfahren verletzt das Rechtsgefühl des Volkes, welches keinen „Sinn für jurist. Freiheiten hat, zufolge deren das wirkliche R. von der „Schwelle gewiesen wird und das scheinbare R. den Sieg behält."

Meeresufer u. s. w.[1]) Hier bewirkt dieser Erwerb des Factum oder diese factische Besitzergreifung an. domini sogar vollständig rechtmäßiges und absolutes „Eigentum“. Wir können hier wohl mit Grund fragen: Wie sollte es da auch nur möglich sein, eine Klage aus einem Factum und einem Rechte überhaupt zu trennen? Das bisherige possessorium war somit hier von jeher seinem Inhalte nach ein petitorium im modernen Sinne! Selbst schon nach der bisherigen Theorie also war hier eine materielle Trennung eines Rechtes und eines Factums, eines petitorium von dem possessorium, ein Ding der Unmöglichkeit! Nur eine zweimalige Verhandlung über dasselbe Recht war hier denkbar.

b) An einer fremden Sache ist mittels Ergreifung des Factum des Besitzes (corpore et animo domini) eine possessio und damit wenigstens ein relatives Eigentum erworben worden. — Auch hier ist zwar wieder eine Trennung einer Klage aus dem Factum und einer Klage aus dem Rechte nicht möglich, weil das angebliche Factum, soweit es rechtlich und klageweise geschützt wird, wieder kein Factum, sondern ein Recht, ein relatives Eigentum, ist: entweder das sogen. bessere Recht der Publiciana, oder mindestens das, mittels der Interdikte geschützte Recht, welches selbst auf Seite des vitiosus possessos noch immer, Dritten gegenüber, als besseres „Recht“[2]) besteht. Allein hier war wenigstens der bisherige Besitzproceß in der Lage, unter der Firma des petitorium und possessorium etwas, wenn auch nicht Klagen aus Recht und Factum, so doch Klagen aus verschiedenen Abstufungen eines wirklichen „Rechtes“ oder des Eigentums trennen zu können: nämlich die reivindicatio des absoluten von der Publiciana und den Interdicten des relativen Eigentümers. Auch diese Trennung indeß war alsdann eine nachteilige, und processual regelmäßig eine mechanische und sinnlose „Zerreißung“ des einheitlichen Eigentumsprocesses, welcher umgekehrt geradezu hätte verboten werden sollen! vgl. § 8: Z. B. Jemand behauptet, eine Sache ersessen zu haben. In diesem Falle konnte er mittels Herausreißens einzelner, u. zw. ganz der nämlichen, animo domini vorgenommener Besitzhandlungen der späteren Zeit vorerst

---

[1]) oben § 4, Beispiel 1, Note 5.

[2]) als plus juris im Sinne der l. 2 D. uti. poss. 43, 17, als Titel des fact. Besitzes oder als relatives Eigentum in Relation auf den späteren Erwerber 2c.; vgl. § 2 a.

besondere Possessorien, dann erst wieder aus der gesammten Ersitzung, d. i. aus allen Besitzhandlungen, welche während der ganzen Ersitzungsperiode vorkommen, auf den Titel einer Ersitzung ein besonderes petitorium anstrengen: Hier wird also in dem späteren petitorium ein Teil des bereits abgeurteilten possessorium wiederholt vorgeführt und wiederholt abgeurteilt! Zuvor aber wird das Gesammtbild des einheitlichen Eigentumserwerbes grundlos geradezu zerrissen und aus einem Processe sinn- und nutzlos mindestens ein doppelter Proceß gebildet, statt in einem Processe gleichzeitig zu untersuchen: hat Jemand durch die Ersitzung erstens das volle, absolute oder eventuell, wenn ihm dieser Beweis noch gelingt, zweitens eo, quod — corpore et animo domini — possidet, doch wenigstens plus juris im Sinne der l. 2 D. uti poss. erlangt? und statt gleichzeitig auch die beiden Klagebitten dahin zu vereinigen: Beklagter sei schuldig, das Eigentum oder doch das bessere Recht (das relative Eigentum) des Klägers an der streitigen Sache anzuerkennen. — Hier ist somit das Verbot der Klagencumulation zwar möglich, aber wenigstens absolut nachteilig.

c. Es liegt keine possessio im röm. Sinne, sondern ein deutschrechtliches, wirkliches Besitzrecht[3]) vor. Z. B. der sogen. abgeleitete Besitz eines Sequesters, ein Faustpfand, eine widerrufliche (precäre) Besitzübertragung, ein Retentionsrecht, das Besitzrecht eines Finders, welcher nicht einen animus domini annimmt, eine rechtsförmliche Besitzübertragung an einen Pächter, Mieter u. s. w. — Innerhalb dieses reinen und wirklichen Besitzrechts ist selbstverständlich zwar wieder eine Trennung einer Klage aus einem Rechte und Factum aus dem gleichen Grunde undenkbar, wie beim Eigentum unter b; denn das absolute, rechtmäßige, ganz ebenso, wie das blos relative Besitzrecht dessen, welcher ohne Gestattung des Eigentümers das Besitzrecht occupirt, sind beide „Rechte". Es konnte aber bisher wenigstens auch hier und könnte auch für die Folge die erstere Klage aus dem Besitzrechte mit rechtmäßigem Besitztitel von der letzteren Klage aus dem relativen Besitzrechte ohne justa causa[4]), analog, wie bisher beim Eigentum unter b geschah, in einem besonderen Pro-

---

[3]) vgl. oben § 2, b.

[4]) Vgl. § 9, Ziff. 5 und 6.

cesse getrennt werden. — Auch diese Trennung wäre indeß mindest ebenso unzweckmäßig, wie die Trennung der absoluten und relativen Eigentumsklage. Z. B. mein Freund[5a]) flüchtet wegen politischer Wirren rc. Seitdem besitze ich dessen Gut in seinem Namen und Auftrage, ohne daß er einen Beweis dafür hinterlassen hat, daß er mir das Gut wirklich zur Verwaltung tradirt hat. Der Sicherheit halber verbinde ich nun gegenüber dem Dritten, welcher mein Besitzrecht frevelhaft stört, folgende zwei Klagen: Ich besitze das Gut (ohne animus domini) auf Grund eines reinen Besitzrechtes, aus dem Besitztitel der Tradition oder Occupation als negotiorum gestor zur Verwaltung; eventuell, wenn ich diese Besitzübertragung mit justa causa des Besitzes[5b]) an mich nicht sollte nachweisen können, habe ich, analog der l. 2 D. uti poss., schon aus dem Grunde, weil ich selbst factisch besitze, ein relatives und besseres Besitzrecht, als der Beklagte, welcher gar nicht besitzt und dem keinerlei Titel zur Seite steht. — Welches verständliches und rechtliches Interesse sollte hier nun existiren, diese Klagehäufung bei uns, ähnlich dem § 232, Abs. 2 der D. Civilproceßord., zu verbieten und beide Klagen in zwei getrennte Processe zu zerreißen?

d. Aber nicht blos ein Verbot der Cumulation von Klagen aus denselben Rechtsbegriffen des Eigentums oder Besitzrechtes, sondern selbst auch nicht einmal das singuläre Verbot einer wechselseitigen Häufung der, diesen beiden verschiedenen Instituten angehörigen Klagen erscheint zweckmäßig. Es wäre ein solches absolutes Verbot eben eine ganz singuläre Processvorschrift und hier ebensowenig begründet, wie das Verbot der Cumulation jeder anderen Sorte von Klagen. — Auch hier noch etwa ein Beispiel. In einem Lande, in welchem der Eigentumserwerb von Grundstücken bei Meidung der Nichtigkeit von dem Eintrage in ein Grundbuch oder von notarieller Fertigung rc. abhängig ist, habe ich nach einem blos mündlichen, rechtsunverbindlichen Vertrage ein Grundstück vorläufig erkauft und tradirt erhalten; die öffentliche Beurkundung ist wegen Abwesenheit des Verkäufers z. Z. unmöglich. Ich bin aber possessor animo *domini*. Außerdem bin ich nachweisbar schon vor dem Kaufvertrage und auf mehrere folgende Jahre Pächter und so zugleich deutschrechtlicher Besitzer desselben

[5a]) Die Anregung eines ähnlichen Besitzfalles verdanken wir bereits der deutschen Gerichtszeitung von 1863, V, No. 21, S. 82

[5b]) Vgl. unten § 9, Ziff. 5 und 6.

Grundstückes geworden. Ein Dritter stört mich nun völlig mutwillig. Unvorsichtiger Weise cumulirt mein Anwalt die Eigentumsklage aus dem Titel des Kaufes und die Besitzklage. Mit der letzteren werde ich wegen formeller Unzulässigkeit der Cumulation sofort, mit der ersteren wegen mangelnden Eintrages in das Grundbuch später abgewiesen. Was nun — frage ich wohl billig — hat der Staat als Proceßgesetzgeber für ein „öffentliches Interesse", mich, der ich in diesem Processe zugleich um Abwehr der Störungen meines Besitzrechtes als Pächter gebeten habe, obgleich derselbe Richter auch Besitzklagen entscheidet, zu zwingen, mich von dem Beklagten noch so lange mutwillig stören zu lassen, bis ich dem puren Formalismus genügt und successive eine besondere Klage wegen Besitzesschutz gestellt? Was hindert hier im Ernste der Verbindung der beiden Klagen aus der possessio und dem deutschen Besitzrechte?

Das Resultat somit aller dieser verschiedenen Anwendungen ist: es ist **kein** Fall denkbar, in welchem eine Klage aus einem Faktum wirklich von der Klage aus einem „Rechte" getrennt werden könnte; es gibt nur Klagen aus Rechten. Aber auch soweit nur immer eine solche Trennung zwischen Klagen aus Rechten bisher Platz gegriffen, welche aus dem Factum „erworben" werden, ist diese Trennung für unsre deutschen Verhältnisse namentlich aus folgendem Grunde **verwerflich**: — Die Frage der Klagenhäufung überhaupt ist ihrer Natur nach keine Rechts-, sondern eine pure Zweckmäßigkeitsfrage, eine Frage der Rechtspolitik oder Rechtspolizei. Ist es zweckmäßig, wird keinerlei Recht gestört, keinerlei Unbequemlichkeit bereitet, so ist es ratsam, sehr ratsam, dem Richter freie Hand zu lassen, connexe Processe zu vereinigen. Die Vereinigung erspart vielfach dem Richter eine doppelte Mühe, den Parteien doppelte kostbare Zeit und Geld, selbst den Zeugen Plackereien vor Gericht, Versäumniß in Geschäften ꝛc. So **hat** die Cumulationsfrage im Principe bereits der deutsche Civilproceß wie die übrigen modernen Gesetzgebungen[6]) aufgefaßt. **Warum** sollte von diesem legislativen Principe hier allein eine Aus-

---

[6]) D. Civ.-Pr.-Ord. v. 1877, § 136—138; ebenso bayr. Civ.-Pr.-Ord. v. 1869, art. 157, 178; Motive zum Entwurf e. Proc.-Ord. in bürg. Rechtsstreitigkeiten für den Preuß. St., Berlin 1864, § 267 u. s. w.

nahme gemacht werden: nicht um der Sache willen; nein, um blind den Buchstaben, nicht den Sinn des franz. Processes „nachzuahmen"; denn in diesem hat das Verbot der Verbindung, wie wiederholt bemerkt, wenigstens den Sinn und den Zweck, die leichtere Thatfrage dem Einzelrichter allein zuzuweisen; dieser Zweck wird ja aber von dem deutschen Processe nicht einmal erstrebt![7]) —

2. Der, in einzelnen modernen Gesetzgebungen[8]) angeordnete Ausschluß des sog. *possessorium* nach Beschreitung des Processes über das absolute Eigentum oder Recht, d. i. des *petitorium*, ließe sich unter den bisherigen Verhältnissen des gemeinen Rechtes in keiner Weise und höchstens allenfalls dann rechtfertigen, wenn eine Einheit des Eigentumsprocesses geschaffen und angeordnet wäre, daß die Klage aus dem absoluten und relativen Rechte regelmäßig verbunden werden muß.[9]) Anderenfalls ist diese Vorschrift eine offenbare polizeiliche Gewaltmaßregel, welche geeignet ist, dem relativ Berechtigten manchmal wohlerworbenes Recht zu entziehen.

3. B. ich habe die reivindicatio auf Grund der vermeintlichen Ersitzung eines Waldes gestellt; erst während des Beweisverfahrens „erfahre ich", daß mein Gegner in demselben Walde gleichfalls einzelne Holzschläge vorgenommen hat, welche nicht zu controliren waren; meine Ersitzung ist unterbrochen und ich unterliege aus dem Titel der Ersitzung; aber ich kann nachweisen, daß ich vor und nach der Holzfällung des Gegners wenigstens corpore et animo domini possessio und deshalb plus juris habe, als der Beklagte. — Oder ein kostbarer Ring, das Erbstück meiner Eltern, ist mir abhanden gekommen, es kommt zur Beweisauflage über den titulus pro herede; die Personen, welche den Ring noch im Besitze meiner Eltern gesehen, sind im Laufe des Processes gestorben, und ich unterliege selbst dem Diebe meines Ringes gegenüber mit der reivindicatio; aber ich kann durch Hausangehörige, meine Dienerschaft u. s. w. nachweisen, daß ich den Ring bis unmittelbar vor der Entwendung getragen habe und possessor war: — In beiden Fällen nun sollte mir nach meiner

---

7) Oben § 4.

8) Z. B. art. 26 des code de procedure c. etc.

9) Unten § 8 am E.

Beweisfälligkeit in der Eigentumsklage auch noch das Interdict und der Beweis entwunden sein, daß ich eo, quod possideo, ein besseres Recht der possessio, plus juris im Sinne der l. 2 D. uti poss. gehabt habe, als mein Gegner? Die Consequenz würde hier dahin führen können, daß mit Leichtigkeit selbst der Dieb über den rechtmäßigsten Eigentümer obsiegt. Daher bestimmt das röm. R.[10]) wohl mit vollstem Grunde das Gegenteil; und deshalb erschiene es eine verwerfliche Erschwerung der „Rechtshilfe", die Klage aus der possessio nach Anstellung der reivindicatio unbedingt und schon rechtlich zu entziehen, soweit nicht rechtspolizeiliche Gründe dies anempfehlen.[11])

3. Am meisten endlich gab sich die herrschende Besitzlehre mit den modernen Gesetzgebungen einer Selbsttäuschung hin, indem sie annahm: Einreden aus dem Rechte seien in der bisherigen vermeintlichen Besitzklage ausgeschlossen und ausschließbar. — Berechtigt ist dieses Princip etwa, insoweit damit der selbstverständliche Satz ausgesprochen werden wollte, daß gegen die Klage aus einem wirklichen, rechtmäßigen Besitzrechte im heutigen deutschen Sinne regelmäßig nicht Einreden aus dem Eigentume, wie auch nicht umgekehrt, mit zerstörender Wirkung vorgebracht werden können. Denn Eigentum und wirkliches, deutsches Besitzrecht sind heterogene, völlig unter sich unabhängige Rechte; das absolute Besitzrecht des Faustpfandgläubigers rc. z. B. besteht, auch wenn der Beklagte das Eigentum vorschützt; wie umgekehrt das Eigentum als solches nicht zerstört wird, wenn der Beklagte die Einrede bringt, es sei ihm in der Sache vom Kläger Faustpfandbesitz übertragen worden; solche Einreden sind daher regelmäßig ebenso einflußlos, wie wenn ein sonstiges dingliches Recht des ususfructus, usus rc. durch die exceptio dominii oder umgekehrt das Eigentum selbst durch die Einrede der Servitut, des usus rc. zerstört werden wollte.

Im Übrigen aber ist das Princip unmöglich. — Es hat in der Wirklichkeit nie ein possessorium, weder einen röm. Interdictenproceß, noch einen deutschrechtlichen Besitzproceß gegeben, in

---

[10]) l. 12, § 1 D. de poss. 41, 2: *non* denegatur ei interdictum uti possidetis, qui coepit rem vindicare; non enim videtur possessioni renunciasse, qui rem vindicavit.

[11]) § 8 c.

welchem „Rechtsgründe" als Einreden ausgeschlossen waren; und wenn nichtsdestoweniger Theorie und Gesetzgebungen das Gegenteil vorgeschrieben, so ist dies eben ein frommer Wahn, welchen zwar das geduldige Papier erträgt, der aber nie eine praktische Wirklichkeit erlangt hat.

Schon weil die Besitzklage selbst, wie § 4 gezeigt, stets eine Klage aus einem Rechte, muß auch, was ihr zerstörend bisher thatsächlich entgegengesetzt wurde, selbst ein Recht sein. — Noch mehr ersichtlich aber ist die Unmöglichkeit des Gegenteils aus folgendem. Wir haben nie ein possessorium oder einen Besitzproceß gekannt, bei welchem nicht wenigstens eine Berufung auf sog. vitia possessionis: das nec vi, nec clam oder nec precario, zugelassen wurde[12]). Mit der Zulassung solcher Einreden aber hat man, wie sehr auch die Gesetzgebungen Einreden aus dem Rechte mit Worten auszuschließen versucht, doch gleichzeitig diese Einreden durch die That wieder zugelassen. Denn: lösen wir diese negativen Begriffe des nec vi 2c. in ihre positive Begriffsbestimmung auf, so wird sich klar ergeben, daß der Beklagte mit dieser exceptio vitii sehr wohl auf ein positives Recht und zudem auf ein besseres Recht sich beruft, als der Kläger. — Das bezügliche Verhältniß ist, von beiden Seiten — von Seite der Klage wie von Seiten der Einreden — besehen, das folgende. Von Seite der Klage: Das röm. Recht, welchem jene vitia possessionis entstammen, gewährt einen besseren Rechtsschutz oder eine wirksamere Klage, je nachdem ein besser begründeter Eigentumsanspruch vorliegt: weist nämlich der Eigentumskläger eine justa oder doch eine sog. putativa *causa*, kurz den Mangel von vitia selbst nach, dann gewährt es die vindicatio oder Publiciana mit 30jähriger Dauer; weist der Kläger lediglich eine factische Besitzergreifung und das hierdurch entstandene relative Eigentum des corpore et animo domini possidens, kurz eine bloße possessio *ad interdicta* nach, dann gewährt es das regelmäßig blos einjährige Interdict. Es

---

12) Diese Berufung auf vitia possessionis wurde von den modernen Gesetzgebungen entweder wörtlich zugelassen, oder doch indirect durch die Vorschrift: Die Voraussetzungen der Besitzklage sind nach Civilrecht zu beurteilen: z. B. preuß. Entwurf e. Proc. Ord. in d. Rsstr. 1864, § 837; bayr. Proc. Ord. v. 1869, § 584. Im Reichsprocesse kann von einem Ausschlusse keine Rede sein, weil es hier einen selbstständigen Besitzproceß nicht gibt.

liegt somit in diesen beiden Fällen — beim absoluten, wie bei dem blos relativen Eigentumsanspruche der possessio ad interdicta — dem Begriffe nach ein und derselbe Eigentumsstreit vor, und es verschiebt sich nur die Klagsbehauptung (Substanzirung) wie die Beweislast, je nachdem absolutes oder relat. Recht des Eigentums beansprucht wird, oder je nachdem das Nichtvorhandensein von vitia dargethan wird oder nicht. Bei der ersteren Klage muß der Kläger, um ein besseres Recht zugesprochen zu erhalten, selbst behaupten und den schwereren Beweis übernehmen, daß er sein Eigentum justa causa erworben habe. Bei der letzteren Klage dagegen, um das nur relative Eigentum der possessio während der kurzen Verjährungsfrist des Interdicts zuerkannt zu erhalten, übernimmt derselbe nicht den Nachweis der justa causa, sondern nur den Nachweis einer factischen Besitzergreifung (corpus) mit dem zu präsumirenden animus domini, und der Gegner muß nachweisen, daß die possessio des Klägers vitios ist.

Daraus schon wird als glaublich oder wahrscheinlich zu folgern sein, daß dieses negative Verbot der vitia und die Einrede der vitia beim Interdictenprocesse gleichfalls eine Einrede aus dem „Rechte" gewesen sein wird. Bei näherer Betrachtung zeigt sich dies als eine thatsächliche Wirklichkeit auch von Seite der sog. exceptio vitii selbst aus besehen. Übersetzt man nämlich dieses negative Verbot des Vorhandenseins der vitia in seinen positiven Gehalt, so ergibt sich, daß dasselbe nichts, als eine Umschreibung eines positiven, eignen und besseren Rechtes des Beklagten enthält, — ja hie und da, z. B. bei der occupatio einer herrenlosen Sache ꝛc., daß es sogar die Berufung auf ein „absolutes" Eigentum und eine „justa" causa ist. — Denn wie, frage ich, substanziren wir den Einwand, daß ein Posseßkläger nur vi, clam und precario von mir, dem Beklagten in possessorio, besitzt? Offenbar dadurch, daß ich behaupte: ich selbst war schon zuvor der possessor oder zufolge des corpus und animus domini selbst absoluter und relativer „Eigentümer", und daher besser berechtigt, als der Kläger; d. i. ich begehre als früherer possessor den Obsieg, weil, wie das franz. R. mit Grund besagt: la possession vaut titre: denn selbst der vitiosus possessor obsiegt über den, welcher von ihm das Recht der possessio oder eines relativen

Eigentums ableiten will.[13]) — Die exceptio vitii ist daher selbst eine Berufung auf ein „Recht".

Dieser exceptio vitii stünde überdies im regelmäßigen, ungestörten Proceßgange sogar der, mit einer Repliksbehauptung entgegenzuhaltende Einwand, oder, wenn man will, Gegenbeweis des Klägers gegenüber, daß dem Kläger, auch wenn dieser dem Beklagten wirklich die possessio vitiose entwunden hätte, doch überdies eine justa causa des absoluten Eigentümers zustehe, so daß er rechtlich in der That befugt war, dem Beklagten die possessio zu entwinden. Diese Replik des absoluten Eigentümers nun allerdings ist in Rom[14]) speciell aus zufälligen, nur geschichtlich erklärbaren Gründen einem besonderen Richter, nämlich ursprünglich einem judicium (actio Publiciana), unter Justinian noch der besonderen reivindicatio zugewiesen worden, so daß anfänglich der praetor — in jure oder extra ordinem — und in späterer Zeit wohl auch noch der Beamte (judex), welcher im bloßen Interdictenproceß fungirte, nicht mehr zuständig war, über dies bessere Recht im Interdictenproceß selbst sofort zu erkennen. Diese Trennung der actio von dem Interdictenverfahren war aber schon zur Zeit Justinians längst ein bloßes unmotivirtes Inkrafterhalten einer Antiquität und hätte bei einem richtigen historischen Verständnisse der späteren Kaisergesetzgebung und in einem lebensfrischeren Rechte, als die Compilation Justinians es war, mit der Beseitigung des Unterschiedes von jus und judicium gleichfalls wieder beseitigt werden müssen. Justinian schon ließ diese Trennung ohne Grund, wie es scheint aus dem sonderbaren Motive, bestehen, weil der gesonderte Proceß über das relative Eigentum der possessio sehr praktisch und in fortwährender Übung war;[15]) als ob dieser Proceß nicht ebenso praktisch und in Übung geblieben wäre, wenn die Trennung gehoben und die Einheit des

---

13) l. 1, § 9 D. uti poss. 43, 17.

14) Vgl. darüber meine Schrift „Zur Kritik der heutigen Negatorienklage ꝛc.", Jena, 1873, S. 83—103, und meine Abhandlung über die röm. possessio, § 8, Grünhut's Zeitschr. VI, S. 572 ff. Ueber das heutige Recht vgl. § 8, b Note 8.

15) § 4, J. de interd. 4, 15: civilis et naturalis ratio facit, ut alius possideat et alius a possidente petat; et quia longe commodius est, possidere, quam petere, ideo *plerumque et fere semper ingens existit contentio de ipsa possessione.*

Eigentumsstreites nicht länger sinnlos in zwei Processe zerrissen worden wäre: Kurz, diese Trennung, welche im Justinianischen Rechte schon längst einer gesetzgeberischen Verbesserung bedurft hätte, ist überhaupt und namentlich für uns heutzutage kein nachahmenswertes Vorbild. Ihre Beseitigung würde die rechtliche Natur der Einreden und Repliken im sog. possessorium nur noch viel klarer ersehen lassen. — Aber selbst auch dann, wenn das Proceßverfahren über das ex justa und putativa causa erworbene Eigentum von dem Processe über das relative Eigentum ohne justa causa (dem Interdictenprocesse) getrennt verbliebe, wäre, wie gezeigt, die Annahme unbegründet, daß bei diesem Interdictenprocesse Einreden aus dem Rechte in der Wirklichkeit ausgeschlossen oder auch nur ausschließbar seien. Es ist dies eine Unmöglichkeit, so lange unsre Gesetzgebung eine exceptio vitii zuläßt, und: eine exceptio vitii muß jede Gesetzgebung für alle Folgezeit zulassen, wenn man nicht dem Diebe mehr Recht gestatten will, als dem rechtmäßigen Eigentümer.

Das allgemeine Resultat einer geschichtlichen wie logischen Durchdringung des Mißgebildes der bisher herrschenden Besitzlehre überhaupt — für die heimische Gesetzgebung wie für die positive Rechtsdarstellung — dürfte daher sein: wir müssen das Zwitterinstitut, gewissermaßen das unorganische Knäuel, zu welchem die herrschende Besitzlehre die, eine organische Verbindung zu einem einheitlichen Rechtsinstitute nicht zulassenden Fäden und Rechtssätze zweier unter sich verschiedener Institute: des Eigentums und des wirklichen, deutschen Besitzrechtes sowie noch anderer Rechte in der Lehre des Civilrechts wie in dem Processe des mittelalterlichen possessorium verschlungen hat, entwirren und namentlich wieder in die klaren, allein geschichtlichen und allein logisch haltbaren, Grundbegriffe: Eigentum und Besitzrecht, Eigentums- und Besitzproceß auflösen. Wir müssen einerseits den heimischen Besitzbegriff frei machen von seiner Vergewaltigung unter die röm. Eigentumsart possessio: von dem animus domini, von der Beschränkung seiner Anwendung auf das Anwendungsgebiet des Eigentums der possessio, von der Verwechslung mit relativem wie abgeleitetem Eigentume; anderseits aber das heutige absolute und relative **Eigentum** (possessio) frei zu gestalten suchen von seiner unbedingten Abhängigkeit von dem Factum des Besitzes in dem Erfordernisse der Tradition, von seiner teilweisen Subsumtion unter dieses Factum durch Verwechslung der relat. Eigentumsklage mit einer vermeintlichen Besitzklage des possessorium ꝛc. — Dies Thema werden wir daher in der folgenden speciellen Lehre dieser Institute noch etwas ins Einzelne verfolgen müssen. —

B. Specieller Teil.

Beseitigung der bisherigen Possessorien.

§ 6. Ein praktisches Resultat, welches die bisherige Kritik der herrschenden Besitzlehre [1]) ergibt, ist: das unrömische, mittelalterliche possessorium wie das französische possessoire ist nichts anders, als ein unmotivirt gemeinsamer Proceß für eine bunt zusammengewürfelte Reihe der verschiedenartigsten Rechte, welche zufällig alle durch factische Besitzergreifung „erworben" werden. Dasselbe bringt so weder die in ihm mitbegriffene Eigentumsklage, noch die Besitzklage, noch eine sonstige Klage zu klarem Ausdrucke und ist ein Proceß, welcher bei uns nicht einmal dem Nebenzwecke dienen kann, welchen das franz. possessoire wenigstens erstrebt. [2]) — Weil dies der Fall, erscheint die Aufhebung dieser Possessorien, u. zw. des ordinarium wie des summariissimum, und die Vereinigung ihres bunten bisherigen Inhaltes mit den betr. Einzelprocessen über diese verschiedenen Rechte selbst als das Losungswort, welches jede bezügliche Reform, u. a. auch die des Eigentums- und Besitzstreites, anzustreben haben wird.

Diese bisherigen Possessorien müssen mit logischer Notwendigkeit materiell fallen, sobald wir im Principe erkannt haben werden, daß jede Klage aus einem bestimmten Rechte stets zugleich eine relative ist: dasselbe Princip der Relativität, welches beispielsweise z. Teil bereits in der Praxis des preußischen Landrechts [3]) zur Anerkennung gelangt ist. Alsdann wird jeder Einzelproceß vor allem bestimmt nur das ins Auge fassen, was für das specielle

---

[1]) §§ 4 und 3 oben.

[2]) §§ 4 und 5 Z. 1 oben.

[3]) Förster, preuß. Privatrecht, § 164 und unten § 7 Note 5.

Recht und Rechtsverhältniß allein von Wert und anzustreben ist: entweder Eigentum oder Besitzrecht ꝛc., es wird aber nicht länger der Eigentumsproceß beispielsweise in das für ihn gleichgültige Gebiet des Besitzrechts hinüberschweifen und umgekehrt. — Es wird ferner der bezügliche Einzelproceß das ganze einheitliche Recht erschöpfen können: sowohl das absolute wie das relative. —

Aber auch processual wird das Bedürfniß entfallen, vor dem Hauptproceß noch erst die Parteirollen nach dem Besitzstande zu regeln, sobald der betr. Einzelproceß materiell zugleich über das bezügliche relative Recht mitentscheidet. Denn alsdann wird in dem judicium duplex der vorliegenden Art[4]) die Entscheidung der Frage, ob jemand nicht wenigstens auf den Titel des bloßen factischen „Besitzes" hin (eo, quod possidet etc.) das relativ bessere Recht hat, welche früher Gegenstand des Vorprocesses war, ohnehin zugleich Bestandteil des nunmehr einheitlichen petitorischen Hauptprocesses werden, und wird sich bei richtiger Erkenntniß ein Proceß über ein bloßes Factum des Besitzes weder praktisch wertvoll noch überhaupt mehr möglich erweisen. Die Partei mit dem Titel des blos factischen „Besitzes" wird schon petitorisch insolange obsiegen, als ihr Gegner nicht in demselben Processe einredeweise oder sonstwie eine bessere putative oder justa causa erweist. Ein possessorium ist demzufolge hier in keiner Weise mehr Bedürfniß. — Ebenso besteht auch processual kein Bedürfniß, besondere Provisorien (einstweilige Verfügungen, Vorsichtsverfügungen ꝛc.) für den Eigentums-, Besitz- und Servitutenproceß in den Possessorien zu schaffen, weil diese Provisorien für alle Arten von Rechten gemeinschaftlich geschaffen werden können.

Namentlich bei der z. Z. in Deutschland praktisch gegebenen Sachlage ist die Aufhebung der bestehenden Possessorien selbst auch schon mit der bevorstehenden Civilgesetzgebung ausführbar und notwendig. Das summariissimum ist in den neuesten Proceßgesetzgebungen[5]) längst gefallen und durch generelle einstweilige

---

[4]) Diese Processe werden, wie das interdictum retinendae etc., immer judicia duplica sein.

[5]) Preuß. Entw. e. Proc.-Ord. v. 1864, §§ 843 u. 842. Bayr. Proc.-Ord. v. 1869, Art. 605—617, bes. 606, Ziffer 4 ꝛc. Deutsche C.P.O. v. 1877, §§ 814—822. Begründung des Entwurfs der C.P.O., Berlin 1872, § 219, S. 235 ꝛc.

Verfügungen für alle Arten von Rechten ersetzt. Das possessorium ordinarium dagegen ist an sich schon ein Gemische von vorwiegend civilrechtlichem mit processualem Inhalte, so daß es weit eher in einer Civilgesetzgebung, als in einem Proceßgesetze aufgehoben werden kann. Namentlich aber ist dies in Deutschland der Fall, weil die Civilproceßordnung von 1877 kein besonderes Verfahren für den Besitzproceß mehr zuläßt, so daß das, was jetzt noch vom ordinarium übrig ist, ohnehin nur civilrechtlicher Natur ist.[6])

Rückwirkungen einer richtigeren Besitzlehre auf die moderne, materielle Eigentumslehre. — Relatives Eigentum. Hand muß Hand wahren. Tradition oder Vertrag beim Eigentumsübergang.

§ 7. Den größten Teil vielleicht seines materiellen Inhaltes wird die bisher herrschende vermeintliche Besitzlehre des gem. Rechts vor allem an das Eigentum zurückerstatten müssen. Die Enthüllung der Natur der possessio dahin, daß diese kein Besitz, sondern ein absolutes und relatives „Eigentum" ist, wird, wie schon erwähnt, vor allem das Bedürfniß in uns zum Bewußtsein bringen, daß auch wir den einseitig starren und erst zu Ende des Mittelalters bei uns selbst aufgekommenen Begriff eines ausschließlich absoluten Eigentums werden aufgeben und zu einem zugleich relativen werden erweitern müssen. Diese zugleich relative Natur des Eigentums ist wohl eine ewige, in der Natur des Rechtes selbst begründete Wahrheit des röm. wie jedes andern Rechts, welcher kein ausgebildetes Recht auf die Dauer sich verschließen kann; diese werden wir daher aus dem römischen Rechte ohne Zögern neuerdings „recipiren" dürfen, um in dieselbe einen juristisch fernerhin unhaltbaren Teil des bisherigen Besitzbegriffes überleiten zu können.

a. Bisherige Anwendungen des relativen Eigentums aus dem bisherigen positiven Rechte.

Dieses hat sich bei uns bisher in mehrfache, mehr oder minder ungeklärte Begriffe versteckt; nur durch solche ungeklärte Umschrei-

6) Vgl. das oben § 4 Bemerkte.

bungen ist die Meinung bei uns möglich geworden, als ob wir ein relatives Eigentum überhaupt entbehren könnten. — So existirt bei uns 1) der Begriff eines sog. besseren Rechts. Vor allem dieser Begriff klärt uns noch keineswegs auf, welches Recht denn eigentlich dies bessere Recht, und daß die Natur dieses Rechts eben, wie oben [1]) gezeigt, im Eigentumsgebiete das Eigentum sei, welches lediglich relativ gegen Dritte wirksam ist. — In ähnlicher Weise ist ferner bei uns 2) der Eigentumsproceß dieses relativen Eigentumes in den sogen. Besitzproceß verschwunden. Man frage aber die Mehrzahl unsrer sogen. Besitzkläger im früheren gemeinen possessorium ordinarium und summariissimum, ob sie denn wirklich nichts, als einen Besitz, erstreiten und etwa einem Dritten das Eigentum überlassen wollen; oder ob sie nicht vielmehr zumeist den Obsieg im possessorium nur als vorläufige abschlagsweise Anerkennung ihres Eigentums erstrebten. Nur hie und da mag sich unter der Firma der bisherigen Possessorien eine wirkliche Besitzklage namentlich aus dem, bisher von der Besitztheorie fast allein anerkannten sogen. abgeleiteten Besitze vorgefunden haben; vgl. § 3. Gefördert ward diese Unklarheit des bisherigen Processes durch die bereits berührte [2]) Gepflogenheit, daß der Kläger im possessorium sich nur auf das Factum berufen mußte. Die ihm innewohnende Absicht dagegen, ob er „animus domini“ oder die Absicht lediglich zu „besitzen", habe, mußte derselbe nicht nur nicht beweisen — dagegen wäre wohl nichts zu erinnern — sondern er mußte sie auch nicht einmal behaupten. Ebenso bestand die weitere Gepflogenheit, daß im Endurteile des Possessorium eine Verurteilung zur Gewährung des factischen Besitzes ohne Angabe des Rechtes, welches dadurch gewährt wurde, erfolgte; und diese beiden letzteren Unklarheiten gehen denn doch wohl zu weit. — Endlich entzog sich 3) ein Teil unsres Processes um das relative Eigentum unsrer Beachtung auch in der röm. *Publiciana*, welche man bisher bald irrtümlich einem vermeintlichen „Besitze" des possessor, bald einem sogen. Publicianischen Eigentume zuschrieb, ohne sich bewußt zu werden, daß beide Begriffe dasselbe relative Eigentum der possessio sind. — — Alle Begriffe dieser

---

[1]) Vgl. § 2, a.

[2]) Oben §§ 3—5.

Art sind daher in einen einheitlichen Begriff des relativen Eigentums aufzulösen und vom deutschen Besitzbegriffe loszutrennen.

b. Bisherige Reformversuche innerhalb der Eigentumslehre.

Ohne zu ahnen, daß die röm. possessio bereits ein relatives Eigentum ist, hat dies letztgenannte Eigentum indeß neuerdings bereits unsre Theorie, Praxis und Gesetzgebung selbstständig und unabhängig vom röm. Rechte für sich auszubilden begonnen. Bemerkenswert ist, wie denselben relativen Eigentumsschutz Delbrück[3]) bereits, nicht in der röm. possessio, sondern im älteren

---

[3]) Delbrück, Die dingliche Klage des deutschen Rechts, 1857, S. V der Vorrede und S. 1 ff., S. 20 ff., S. 81 ff. rc. — Delbrück will dem Nachweise des älteren vor dem gegenwärtigen Besitze den Obsieg zugestehen und darin einen Ersatz für den, nach röm. Rechte vermeintlich fehlenden Begriff des relativen Eigentums eintreten lassen; vgl. u. a. S. 273 ff. Allein auch diesem Erforderniſſe, soweit es sich als berechtigt erweist, dürfte schon das röm. Recht insoweit Anerkennung zollen, als schon dieses der älteren, nicht wieder verlornen possessio den Vorrang zugesteht; vgl. unten § 12 Note 24. Eine einzelne, wie mir scheint „berechtigte Kritik" dieses Vorschlags Delbrück's dürfte daher bereits zugleich der preuß. Entwurf einer Pr.-Ord. v. 1864, § 839, enthalten. Dieser besagt: der Nachweis des früheren Besitzers sei zum Beweise, daß derselbe bis zu dem Zeitpunkte der angeblichen Störung oder Entsetzung fortgedauert habe, für sich allein nicht genügend. — Insoweit scheint allerdings ein Einwand gegen das unbedingte Maßgeben der älteren Besitzergreifung gegründet; denn der ältere Besitzer als solcher ist nicht unbedingt mehr relativer Eigentümer oder possessor; es könnte eben sein, daß der ältere Besitzer sein, durch die frühere Besitzergreifung: corpore et animo domini erworbenes Recht des relat. Eigentums oder der possessio seitdem auf eben diese Weise wieder verloren: entweder freiwillig derelinquirt hätte oder wider Willen possessione dejectus und sein Interdict verjährt wäre. Wie sollte derselbe dessenungeachtet relativer Eigentümer sein können? — Ist dagegen die possessio, das corpus mit animus domini, jetzt noch andauernd, ja selbst auch nach dem Verluste des corpus, so lange der animus domini nicht aufgegeben und die Klage des possessor nicht verjährt erscheint, ist der factische ältere Besitzer auch schon nach röm. Rechte noch immer relativer Eigentümer oder possessor, weil demselben insolange die Interdicte retinendae und recuperandae zur Seite stehen; weil seine possessio ferner insolange noch in seinem Vermögen (in bonis) ist; vgl. auch l. 17 pr. mit 22 D. de a poss. 41, 2; l. 15, 190 D. R. J. 50, 17; l. 52 D. de a. dom. 41, 1 und meine Abhandlung über die römische possessio, § 5, Grünhut's Zeitschr., Bd. VI, S. 565—568 und die Noten. Es findet sich auf diese Weise der Rechtsschutz, welchen die, wegen ihres vorurteilslosen Forschens und wegen Anerkenntnisses des wirklichen, praktischen Bedürf-

gemeinen deutschen Rechte vorfand, und wie auch sonst dieser Rechtsschutz neuerdings allerorts, von Romanisten wie innerhalb des bisherigen deutschen Privatrechts, angestrebt wird.[4]) Auch unter den neueren Gesetzgebungen sind namentlich das preußische Landrecht hervorzuheben, welches das relative Recht zwar noch in seiner, diesem Gesetzbuche eigentümlichen casuistischen Weise behandelt, aus welcher indessen eine treffliche Theorie bereits ein „Princip der Relativität" abstrahirt hat.[5]) Ferner das französische Recht mit seiner bekannten Mobiliarklage: en fait de meubles la *possession vaut titre.*[6]) Der Satz freilich, daß bei Mobilien der Besitz ein Eigentum begründet, erweist sich bei prüfendem Zusammenhalten mit den aus dem röm. Rechte[7]) sich ergebenden Gründen noch zu weit und zu enge. — Zu weit ist derselbe, indem die französische possession, welche nach art. 2228 cod. civ. eine bloße détention ist, also das Factum des Besitzes und das röm. corpus für sich allein, der Natur der Sache nach überhaupt noch nicht Eigentum oder possessio begründet, sondern erst die hinzutretende Absicht des Eigentumserwerbes (animus domini); als ferner auch selbst die Apprehension des factischen Besitzes mit animus domini nur in einzelnen wenigen Fällen sofort einen Titel im Sinne einer justa causa und ein absolutes Eigentum erwirbt; nämlich nur bei dem originären Erwerbe von freien Gütern, der res, quae coelo, terra marique capiuntur, der res derelicta, insula in flumine nata etc.; während dieselbe in den übrigen Fällen nur relatives Eigentum begründet; u. zw. Publicianisches bei Hinzutritt der bona fides; ohne solche bloßes

---

nisses eines relativen Eigentumsschutzes gewiß verdienstvolle Schrift Delbrück's mittels eines processualen Nachweises des Schutzes des älteren Besitzes erstrebt, wohl praktisch und juristisch correct im röm. Rechte bereits von dem directen Civilrechtsstandpunkte des röm. relat. Eigentums der possessio aus erreicht. Vgl. unten § 12 Art. 4 u. 5 mit den Noten.

[4]) M. vgl. die Allegate in Windscheid Pand., § 199 Note 1 der 4. Aufl., und Gerber, Deutsches Privatr., von der 8. Aufl. an, § 73 Note 2. Neuerdings vgl. auch Bruns, Besitzklage, 1874, S. 288 u. 292 u. A.

[5]) Vgl. preuß. Landr. I, 7, §§ 161, 162, 167, 171, 178 mit Förster, preuß. Privatr., § 164.

[6]) Art. 2279 cod. civ. Weitere Anklänge vgl. art. 2182 Abs. 2 cod. civ. mit Zachariä, Franz. Civilr., I, § 181.

[7]) Vgl. l. 2, l. 1, § 9, D. uti poss. 43, 17; l. 53, D. de a. poss. 41, 2; l. 126. § 2 D. R. J.

relatives Eigentum der possessio ad interdicta. Die Römer bezeichnen ebendeshalb den titre de la possession, d. i. den titulus oder die causa der possessio weit richtiger als eine „melior" causa[8]) und damit als einen relativen Titel. Die Relativität dieses Titels scheint das französ. Recht selbst wenigstens insofern indeß stillschweigend anzuerkennen, als art. 2279 cod. c. diesen Titel wenigstens dem Finder und Diebe nicht zugesteht, als ferner art. 2182 Abs. 2 und 1583 c. die weitere relative Natur à l'égard du vendeur und art. 1141 c. das Erforderniß der bonne foi anerkennt. — Auf der andern Seite aber ist die französ. Mobiliarklage zu enge, insofern der titre de la possession nicht blos auf Mobilien beschränkt werden darf, sondern auch bei Immobilien Platz greift; denn auch bei dem originären Erwerbe beispielsweise von derelinquirten Grundstücken, der insula in flumine nata, der Occupation des Meeresufers ɪc. gewährt er bisher selbst absolutes, außerdem wenigstens relatives Eigentum. Und zwar ist dieses Immobiliar-Eigentum selbst dann noch von Wert, wenn dereinst das Grundbuch eingeführt wird, wie Randa[9]) treffend bemerkt. —

c. Im Übrigen bietet die Eigentumslehre für den Besitz nur noch etwa ein mittelbares Interesse bezüglich der Frage, inwieweit das Eigentum durch den Gesetzgeber künftighin an den Besitz gekettet werden soll, obgleich diesem gegenüber doch das Eigentum im Principe ein selbstständiges Recht erscheint. — Zu erwähnen ist ein Zug der Zeit, welcher, ausgehend vom französischen Rechte und dem d. Handelsrechte, namentlich in den Verhandlungen des 14. deutschen Juristentages dahin hervortrat, das Princip der

---

[8]) Eine *melior* causa = besserer Titel der possessio erwähnt beispielsweise l. 126 § 2 D. R. J. 50, 17; ebenso ergibt sich der Umstand, daß die causa eine bessere oder schlechtere sein kann, aus der *ulla* causa in l. 13 pr. mit l. 12 und l. 13 D. de hered. petit 5, 3; ferner aus dem vielfach vorkommenden Satze: nemo sibi ipse causam possessiones *mutare* potest; vgl. meine Abhandlung über die röm. poss. § 3, Note 6—10, Grünhut's Zeitschr., Bd. VI, S. 562—564.

[9]) Randa in der Münchener krit. Vierteljahrsschrift, Bd. XVIII, 1876, S. 332—333, und an andern Orten. Das Grundbuch folgt nämlich nicht sofort den wirklichen Eigentumsveränderungen des Lebens. Wer ist dann Eigentümer, wenn ein Todter, ein Verganteter, ein Derelinquent der Sache noch im Grundbuche eingetragen ist, oder wenn das Grundstück überhaupt noch nicht eingetragen ist, wie die insula in flumine nata, das avulsum, das Wildfeld? Es bedarf also neben dem Grundbuche noch immer einer subsidiären Eigentumsregulirung, und diese bietet u. a. der Titel des fakt. Besitzes. Die Rektification des Grundbuchs unterliegt selbst der Klage.

französischen Mobiliarklage und das ältere deutsche Princip: Hand muß Hand wahren, welches bereits in art. 306 und 307 des deutschen Handelsgesetzbuches Aufnahme gefunden hat, dahin zu erweitern, daß jeder gutgläubige Besitzer selbst über den nicht besitzenden absoluten Eigentümer den Sieg davon tragen solle,[10]) oder daß wenigstens, wie das preuß. Landrecht vorschreibt, der absolute Eigentümer, welche seine Sache zurückerhalten will, dem gutgläubigen Erwerber seine Auslagen zurückzuersetzen habe. Dadurch würde im Gegensatz zum römischen Rechte und Delbrück's Anschauung, welcher beide der älteren possessio den Vorzug geben, gerade umgekehrt einem jüngsten aber factischen Besitze der Vorrang zugestanden.[11]) — Zu bemerken ist indessen hier, daß auch dieser sog. gutgläubige „Besitz" formell richtigerweise nicht als Besitzrecht, sondern als ein Eigentum, welches durch den Besitz lediglich erworben wurde, zu qualificiren sein würde; es würde damit eben das sog. Publicianische Eigentum oder die bonae fidei possessio dem absoluten dominium gleichgestellt, die aeterna auctoritas des absoluten Eigentums zu Gunsten der bonae fidei possessio beschränkt und nebenbei das, was bisher in art. 306 und 307 d. H.G.B. als ein Privilegium gegen Eviction nur auf Seite des Banquiers, Kaufmanns und zu Gunsten bestimmter Handelsgeschäfte bestand, zum gemeinen Rechte erhoben.[12]) —

---

[10]) Vgl. darüber u. a. das Gutachten von Petersen in d. Verh. des 14. d. Juristentages, Bd. I, Heft 2, 1878, S. 167, Note 9, dessen Vortrag, Bd. II, 1879, S. 41, den Vortrag des Ref. Dr. Albrecht, Bd. II, S. 27 ff. 2c.

[11]) Vgl. unten § 12, art. 5 mit der Note 30.

[12]) Was die legislative Seite dieser Frage anbelangt, so würde diese Neuerung gegenüber unserem bisherigen gem. Rechte wohl in dem Verhältnisse des Erwerbers gegen seinen auctor und auch im Uebrigen ohne Bedenken sein, vorausgesetzt, daß einmal die nötigen Garantien der Reellität und Redlichkeit des Eigentumsüberganges und zweitens namentlich das bisher schon geforderte Erforderniß der Zahlung (nicht schon der bisherigen Creditirung) des Kaufpreises beibehalten würde, Garantien, welche auch noch in andern Fällen geschaffen werden sollten; z. B. das Eigentum beim Tausche, ferner bei Gegenleistungen, Voraussetzungen 2c. sollte erst mit Hingabe des Tauschgegenstandes, Zug um Zug, mit der sachlichen Gegenleistung, Voraussetzung 2c. eintreten. Vgl. Note 13 und § 12, Text zu Note 6—10. Der gutgläubige Besitzer, der auf diese Weise seinen Kaufschilling gezahlt hat, mag so immerhin vor dem absoluten Eigentümer, welcher zwar gleichfalls gezahlt, aber den Besitz nicht gewahrt hat, im Collisionsfalle geschützt werden. Schon selbst das röm. R. gestattete in einzelnen Fällen dem bonae fidei possessor mit Publiciana

d. Über eine ähnliche, weitere Gesetzgebungsfrage, ob das Eigentum künftighin durch Besitzübertragung (Tradition) erworben werden solle, haben sich bereits die Verhandlungen des Juristentages verbreitet.[13])

---

den Obsieg über den dominus mit reivindicatio; z. B. Jemand hat eine fremde Sache an einen Dritten verkauft, wird dann durch Erbschaft wirklicher Eigentümer und will nun als solcher die Sache von dem Käufer und possessor vindiciren: letzterer obsiegt mit der exc. rei venditae et traditae &c.; über ähnliche sonstige Fälle s. meine Abhandlung über die poss. Grünhut's Zeitschrift, § 7 u. Note 2 das., Bd. VI, S. 570—572. — Ohne Garantieen freilich wäre das unbedingte Prävaliren des titre de la possession, u. zw. ohne bona fides des Besitzes zu erfordern und sogar gegenüber dem rechtmäßigen Eigentümer, wie dieses aus der unbedingten Fassung des Satzes: la possession vaut titre zu folgern wäre und für welches man sich so allgemein kaum mit Recht auf das altdeutsche Recht beriefe, wohl nicht unbedenklich. Diese Bevorzugung des Besitzes, richtiger des relativen vor dem absoluten oder doch besseren Eigentume, erschiene eine Polizeibestimmung des Rechts etwa im Interesse des Credits &c., aber, wie alle derartigen Polizeibestimmungen im Rechte, welche namentlich die französische Gesetzgebung im sog. Besitzprocesse &c. liebt, — wie jede List — als etwas zweischneidiges: der angenehmeren Lage des Gläubigers, welcher auf diese Weise „bequemer" Executionen an dem Besitze des Schuldners erwirkt, stünde hier anderseits die mögliche Gefährdung des „rechtmäßigen Eigentums" gegenüber. Warum Privilegien des bloßen Credits selbst gegenüber dem rechtmäßigen Eigentume? Vorausgesetzt selbstverständlich, daß der Eigentümer sein jus potior tempore und die Zahlung des Kaufpreises ausdrücklich und zweifellos beweist. Aber auch gegen den Credit kann sich diese List des Gesetzgebers wieder kehren; derselbe Dritte, welcher bisher zu Gunsten des zu exequirenden Schuldners Scheinverträge schließt, wird alsdann nicht anstehen, zum Scheine oder wenigstens ohne wirkliche Zahlung, gegen bloße Creditirung des Kaufschillings auch ebensogut die Habe desselben Schuldners in Besitz zu nehmen; derselbe wird sich dann auf einen angeblichen Besitz in gutem Glauben berufen, und es wird dem creditirenden Gläubiger nicht minder schwer werden, ihm die mala fides zu erweisen. Das fundamentum regnorum wie des Civilrechts und Eigentumsüberganges sollte, soweit Menschen möglich, demzufolge wohl auch hier die justitia, die Rechtmäßigkeit des Eigentumserwerbes, d. i. die justa causa und die reelle Gegenleistung, die Zahlung des Kaufpreises &c. verbleiben. Nur in Collisionsfällen, da, wo die Rechtmäßigkeit des Erwerbes auf beiden Seiten gleich ist, sollte daher der factische Besitz den Ausschlag geben, und nur der Besitzerwerb des relativen gutgläubigen Eigentümers, die bona fidei possessio mit deutschem factischen Besitze etwa, mag dem absoluten dominium des röm. Rechts gleichgestellt werden. Vgl. Note 13, § 9, Ziff. 3; § 12 art. 5.

[13]) An denselben hat sich der Verf. mit einem Gutachten beteiligt; Verh. des 14. d. Juristentages 1878, Bd. I, Heft 2, S. 56—76. — Neuerdings hat derselbe noch eine Vereinigung der widerstreitenden Juristentagsansichten über

Rückwirkungen auf die Einheit des heutigen Eigentumsprocesses.

§ 8. Wie das absolute und relative Eigentum, dominium und possessio, materiell ein einheitlicher Eigentumsbegriff[1]) ist, ebenso muß künftighin wohl auch die Eigentumsklage nach der Beseitigung der Possessorien eine einheitliche Klage sein. — In dem früheren gem. d. Processe aber erscheint der organische und deshalb zusammengehörige Streit, mittels dessen die einzelnen Eigentumsstufen erstritten werden, mechanisch in wahrhaft Schauder erregender Weise in successive Einzelklagen und Einzelprocesse zerrissen: Bevor bisher einer Partei das Eigentum definitiv zuerkannt werden konnte, war dieselbe möglicherweise genötigt, „vier verschiedene Eigentumsprocesse" zu durchkämpfen. In diesen vier successiven Processen konnte alsdann diese ein und dieselbe Absicht, das Eigentum zu erstreiten, ausgetragen werden, ja selbst möglicherweise ein und dieselbe Beweisauflage bald ganz, bald teilweise wiederkehren! —

Diese stufenweise Reihenfolge von Processen, die möglicherweise — mit allen Mißlichkeiten und Opfern an Zeit und Geld, welche solche Processe des bisherigen gem. Rechtes mit sich brachten, — bis zur Zuerkennung des absoluten Eigentums zu durchstreiten waren, setzt sich wie folgt zusammen:

1) Zuerst konnte eintreten: der Streit um den sog. jüngsten Besitz (summariissimum);

2) sodann: das possessorium ordinarium;

3) dann der Proceß um die possessio mit sog. putativa causa (Publiciana); und schließlich oder vor letzterem noch:

4) der Proceß um das absolute Eigentum (reivindicatio).

Diese beiden letzteren Klagen konnten überdies möglicherweise wieder aus verschiedenen causae petendi erneuert werden: Mit der Trennung unseres einheitlichen Eigentumsstreites in die vier ver-

---

die Tradition in der Tagespresse versucht unter dem Titel „Der Eigentumsübergang in dem kommenden nationalen Civilgesetzbuche", Neue Frankfurter Presse Nr. 157—159, 162, 166, zweites Blatt vom 11. u. ff. Juni 1879. — Vgl. hierüber unten § 12, Text zu Note 6—9 u. § 9 Z. 3.

[1]) Oben § 2, a. — Bezüglich des Folgenden vgl. § 5, 1, b. —

schiedenen Processe somit über das absolute und relative Eigentum war ebendeshalb der Streit um das Eigentum möglicherweise noch nicht einmal erschöpft; denn nun trat noch die gemeinrechtliche Controverse hinzu: soll im sog. petitorium bei actiones in rem die Klage bereits den speciellen Erwerbgrund des Rechtes, die sog. causa remota sive specialis, enthalten und soll alsdann aus jeder einzelnen causa wiederholt petitorisch geklagt werden können; oder aber: soll das Eigentum schlechthin auf einmal auszufechten sein.[2]) Wurde die Controverse in ersterem Sinne entschieden, dann war mit jeder neuen causa wieder ein neues petitorium denkbar!

Man nehme das folgende bereits[3]) berührte Beispiel. Die Absicht zweier Streitteile geht dahin, auf Grund des Erwerbtitels der „Ersitzung" das Eigentum und nichts als das Eigentum zum Austrage zu bringen; dieses Eigentum wird unter Berufung auf mehr oder weniger einzelne Besitzhandlungen dieser zusammenhängenden Ersitzung der Reihe nach zuerst mit dem summariissimum, zweitens mit dem possessorium ordinarium, drittens beim Unterliegen in letzterem mit der subsidiären Publiciana aus der possessio mit sog. putativer causa und schließlich mit der reivindicatio erstritten. Selbst aber auch mit diesen auf einander folgenden vierfachen Processen war nun möglicherweise der Eigentumsproceß noch nicht beendet; denn die Klagspartei konnte jetzt möglicherweise noch auf den neuen Eigentumsstreit aus einem anderweitigen Titel: des Kaufes, der Schenkung, der Erbschaft 2c., übergehen! —

Was ist, fragen wir da billig, der praktische Erfolg solcher vierfacher Spaltung des Processes über das eine, einheitliche Eigentum? Nichts, als eine nahezu vierfache „Wiederholung" ein und desselben Themas, derselben Behauptungen, derselben Beweise, welche in einem einzigen Processe über das absolute und relat. Eigentum erschöpft werden konnten. Denn das Beweisthema in diesem vierfachen Eigentumsprocesse des Ersitzenden ist der nämliche Nachweis der vorgekommenen Besitzhandlungen: ein und dieselbe Kette der Besitzhandlungen somit mußte da sinnlos zerschnitten werden; zuerst, um mit einzelnen, u. zw. den jüngsten, Besitzesacten

[2]) Seuffert, Archiv, Bd. I, S. 400—402, Nr. 362 u. 363; Bd. II, S. 414, Nr. 326; Bd. VI, S. 371; Seuffert's Com. zur bayr. G.O. v. 1753, cap. IV, § 7, III; 2. Aufl., Bd. II, S. 185.

[3]) Oben § 5, 1, b.

das summariissimum, dann, um mit diesen und einer weiteren Serie von Besitzacten das gesonderte ordinarium zu begründen; schließlich wird die ganze Kette von Besitzhandlungen etwa wieder zum Nachweise der vollendeten Ersitzung in der reivindicatio zusammengerafft; und mißlingt dieser Nachweis, weil etwa eine unvorhergesehene Unterbrechung der Ersitzung durch den Gegner dargethan erscheint, dann dient ganz dieselbe Serie nochmals zur Begründung des vierten Processes: der Publiciana actio!

Welches juristisches und praktisches Interesse besteht aber, das, was in einem Rechtsstreite entschieden werden kann, in vier wiederholten Processen zu entscheiden? — Das einheitliche Bild des Eigentumserwerbes vor allem, welches allein in seiner chronologischen, organischen, einheitlichen Entwicklung erschöpfend beurteilt zu werden vermag, wird da mechanisch und sinnlos zerstückelt, einzelne Momente: einzelne Besitzhandlungen, welche für die Gesammtentscheidung vielleicht gar nicht einmal entscheidend und wertlos erscheinen, werden aus diesem Bilde gerissen, eine Zeit lang in Possessorien mit gesonderten Rechtsfolgen belegt, um alsdann möglicherweise durch das folgende Glied des vervierfachten Eigentumsprocesses wieder als wertlos erklärt zu werden! Wie verhält sich zu dieser unmotivirbaren Endlosigkeit des bisherigen Eigentumsprocesses das wirtschaftliche Princip der „Ökonomie der Mittel"? Verschwendung in der Volkswirtschaft wie im Processe ist jede Anwendung von mehr Mitteln, als wir zur Erreichung eines bestimmten, uns klar bewußten Zweckes bedürfen. Welche Verschwendung aber, um zum Endziele: dem Endurteile des Eigentumsprocesses zu gelangen, lag vom Standpunkte der Rechts- und Proceßpolitik in diesem schwerfälligen, vierfachen Apparate, das Recht zu finden. Unbefähigt erscheint die Gesetzgebung des Mittelalters, welche diesen Verbrauch von Proceßaufwande zuließ. Ungenügend erschiene da unzweifelhaft die Gesetzgebung der Gegenwart, welche diesen zum Teil unbeholfenen, zum Teil unbrauchbaren Apparat noch heute belassen würde. Warum schon die Arbeitsthätigkeit der G e r i c h t e selbst in dieser Weise nutzlos vergeuden, warum deren Thätigkeit möglicherweise vervierfachen? Und welch' sinnloses Hinopfern von Zeit und Geld auf Seite der Recht Suchenden? Welche Verarmungen folgten ihm auf dem Fuße! — War da das Object w e r t v o l l, so konnte die vorsichtige Proceßführung, namentlich im alten gemeinen, schriftlichen Processe mit seiner ungenügenden Beweistheorie und seinem immensen Kostenaufwande, kaum je ein Ende finden. Hat ja doch beispielsweise unlängst der Verf. selbst erst als Berichterstatter im öffentlichen Verfahren ein Urteil in dem, wegen seiner Dauer und seines Umfangs in weiteren Kreisen[4]) bekannt gewordenen, Waldungen im Werte von vielen Millionen, jetzt Nutzungen hieraus zu etwa 700 000 fl. betreffenden Monsterprocesse: Burgfinn gegen die Frhrrn. v. Thüngen zu entwerfen Gelegenheit gehabt. Dieser Proceß nun hat beiläufig „im Jahre 1697" beim Reichskammergerichte begonnen. In demselben war die Endabsicht der Parteien nicht im Entferntesten auf das bloße „Factum des Besitzes", sondern: auf eine Erstreitung wirklichen Eigentums gerichtet. Trotzdem ist noch heute nicht das sog. „possessorium", was die Execution anbelangt, beendet und: das petitorium — der Streit um das Eigentum also, welches beide Teile vom Anfang an eigentlich wollen — hat noch nicht einmal „begonnen", ja darf nicht einmal beginnen, weil das bayr. Einführungsgesetz zur D.C.P.O. vom Jahre 1879 wiederholt die Polizeibestimmung des franz. Rechts adoptirt hat, daß zum sog. Petitorium nicht übergegangen werden darf, bevor dem Urteile im Possessorium Genüge geleistet ist![5]) — War das Gut dagegen unbedeutend, so konnte vielleicht der geringe Mann sein Recht „schneller" — nach wenigen Jahren — erstreiten; war aber sein ein- bis vierfacher Proceß definitiv beschieden, so war vielleicht zwar sein Recht erstritten, sein Haus und Hof aber verstritten, und der obsiegende Eigentümer stand als Bettler vor seinem Eigentume! —

Sicher wäre die Unklarheit über das Wesen der possessio und die Mißdeutung dieses antiken Eigentums, welche zu den verschiedenen mittelalterlichen Possessorien neben den Petitorien führte, der fromme Wahn, den Formgestaltungen der Geschichte getrost

---

[4]) Das Urteil und die Geschichte dieses Processes findet sich gedruckt in einem für die folgende Instanz bestimmten gegenteiligen Rechtsgutachten zu Gunsten der in I. Instanz unterliegenden Partei von Prof. u. Oberbibliothekar Dr. Paul von Roth unter dem Titel „Zur Lehre von der Genossenschaft. Rechtsgutachten in der Streitsache der Gemeinde Burgfinn gegen die Frhrrn. v. Thüngen, München, Th. Ackermann, 1876". Diesem Gutachten steht nebenbei ein z. Z. noch ungedrucktes Gegengutachten von Bluntschli entgegen.

[5]) Bayr. Ges. v. 23. Februar 1879 art. 84; art. 27 cod. de procédure c. — Vgl. darüber oben § 4 und § 5.

folgen zu dürfen, ohne deren Geist und Endzweck beherrschen zu können, vor allem geeignet, zugleich ein Streiflicht auf die Geschichte der Wirtschaft sowie des Wohlstandes der bäuerlichen Einzelanwesen der guten alten Zeit bis in das Mittelalter zurückzuwerfen, und den Satz Goethe's nochmals zu illustriren: es erben sich Gesetz und Recht wie eine ew'ge Krankheit fort ꝛc. Die überlieferte Geschichte erscheint in der That als eine hehre Lehrmeisterin, soweit sie verdaut zu werden vermag. Unverdaut ist sie nicht selten eine an dem Buchstaben haftende Orthodoxie, welche um des Buchstabens willen den Geist schädigt und die Menschheit geißelt.

War da ein Gutsübernehmer etwa nach Hinauszahlung seiner Anteilsberechtigten den Händen eines Wucherers, in der versicherungslosen Zeit einem Brande, Hagelschlage, einem Viehsterben ꝛc. ꝛc. entronnen, dann drohte ihm — vielleicht nicht minder schwer lastend, wie jene Brand- ꝛc. Schäden — der langwierige „dingliche Proceß" mit dem Nachbar, mit seinen vierfachen Processen, mit seinen Possessorien ꝛc.: nicht einmal notwendig etwa über das ganze Gut, nein, nur über eine Parzelle, über eine bloße Servitut, ein Wegrecht ꝛc.! Von dem Ruine des Grundeigentümers wandte sich da der Haß des Rechtsuchenden nicht selten, anstatt gegen die unverstandene und unbeholfene Institution, gegen die Gerichte und namentlich gegen die Advocatur: der Beruf des Advocaten vor allem schien dem Betroffenen mehr eine melkende Kuh des Anwalts, als eine Rechtsverteidigung, und der Laie verstand auch nicht, wie der Richter unparteiisch sein könne, welcher trotz des Klägers wohl gegründeten Rechtsbewußtseins und einheitlichen Rechtes abwechselnd für, bald gegen ihn erkennen mußte.

Diese klägliche „Vielheit" von Eigentumsklagen also ist, soweit thunlich, in eine „einheitliche" Klage über das einheitliche Eigentum aufzulösen, weil dieses letztere, gleichviel ob es dominium oder bloße possessio ad interdicta heißt, nach obiger Ausführung[6]) denselben einheitlichen Eigentumsbegriff und ein und dieselbe Eigentumsklage involvirt.

Es kann selbst wohl schon nach jetzigem positiven Civilrechte daher, a) wenn die Klage bereits ein justa causa erworbenes Eigentum behauptet, — nach der ewigen, positiven Wahrheit der l. 110, 21 D. R. J., daß im plus an sich schon stets das minus

---

[6]) Oben § 2, a.

oder in der Totalität des absoluten Eigentums auch die blos relativen Eigentumsbefugnisse mit behauptet seien, — alsdann, wenn zwar nicht ein justa causa erworbenes, wohl aber ein ohne justa causa erworbenes, relativ besseres Eigentum aus dem gelieferten Beweismateriale ersichtlich ist, sofort wenigstens dies relative Eigentum oder bessere Recht nach § 2, a zuerkannt werden. Dieses absolute oder relative Eigentum kann ferner jedem von den beiden streitenden Teilen zuerkannt werden; denn der Eigentumsproceß ist ein judicium duplex. — Es kann ebendeßhalb ferner umgekehrt: b) wenn der absolute Eigentümer zur Abkürzung der Sache und allseitigen Bequemlichkeit anfänglich nur das relative Eigentum der possessio ad interdicta (den Titel der factischen Besitzergreifung: possession vaut titre) behauptet, der Beklagte aber die exceptio vitii vorschützt, in welcher die Behauptung eines besseren Rechts oder Eigentums Seitens des Beklagten liegt,[7]) der Kläger wohl sich (entgegen dem Just. Rechte) erst jetzt — in dem Repliksvorbringen — darauf berufen, daß, wenn auch die possessio dem Beklagten gegen dessen Willen oder sonst vitios entzogen worden, dies doch in seinen, des Klägers, Befugnissen gelegen sei, weil ihm zugleich das absolute Eigentum aus einer justa causa acquirendi dominii zustehe.[8]) Da wir weder einen besonderen sog. Besitzproceß noch verschiedene Verfahren für die römischen Interdicte und Actionen mehr kennen, so ist dieser Übergang wohl schon nach heutigem pos. Rechte als zuläßig zu erachten.[9]) — Ebenso kann

---

[7]) S. oben § 5, Z. 3 mit Note 14—15.

[8]) Einen nicht nachahmenswerten Doppelproceß über das Eigentum hat uns allerdings die byzantinische Kaiserzeit und Justinian hinterlassen. Die Doppelstreite der actio und der Interdicte fielen ursprünglich mit dem Gegensatze des Processes über das Eigentum nach jus uvile und gentium (dominium ex jure Quirit und possessio = in bonis), später nur noch mit dem Gegensatze von jus (extraordinaria cognitio) und judicium zusammen, bis für das bessere Eigentum auch des jus gentium späterhin ein judicium (= actio Publiciana etc.) gewährt wurde. Beide Unterschiede waren aber unter Just. gefallen, und mit deren Wegfall hätte bei richtigerem Verständnisse der Geschichte durch Justinian die Einheit des Eigentumsstreites von selbst wiederkehren sollen. Wie ebendeshalb dieser Doppelproceß des Eigentums weder für die Just. Zeit, noch auch für uns ein nachahmenswertes Vorbild bietet, bedarf kaum einer Erwähnung; vgl. auch § 3, Note 3, u. § 5, Z. 3, Note 14—15.

[9]) § 232, Abs. 2 d. P.O. steht nicht entgegen; es gibt keine Besitzklage ohne Recht; vgl. oben § 4 und § 3—5 im Allg.

endlich regelmäßig, c) um die Wiederholung des Eigentumsprocesses aus verschiedenen justae causae dominii acquirendi (causae petendi) zu verhüten, vom Gesetzgeber jede Partei gehalten werden, alle ihre Erwerbgründe auf einmal vorzubringen, solange nicht etwa Billigkeits- oder Restitutionsgründe eine spätere Wiederholung des Eigentumsprocesses auf Grund einer neuen causa petendi rechtfertigen.[10]) Ist alsdann — in wohl seltenen Fällen — dieses Material verschiedener causae ein, für den Richter in einem Processe nicht auf einmal zu bewältigendes, so mag er immerhin eine Trennung der Untersuchung aus Zweckmäßigkeitsgründen, in einzelnen Fällen sogar behufs möglicher Abkürzung des Processes, eintreten lassen.[11]) Jedenfalls aber sollte sich heutzutage wenigstens jede Partei im Gegensatze zum bisherigen possessorium beim Beginne des Processes schon bewußt sein müssen, einmal: welches Recht überhaupt sie beansprucht: ob Eigentum oder Besitzrecht; und sodann: aus welchen Gründen sie dies beansprucht.

Dieser eine und einheitliche Proceß ist alsdann als judicium duplex den Eigentumsanspruch rasch und für immer zu entscheiden in der Lage. Die Vorteile dieser „Einheit des Eigentumsstreites“ liegen auf platter Hand. Diese allein errettet uns von den Mißständen des bisherigen vielfältigen Eigentumsprocesses und seiner Possessorien!

---

[10]) Freilich würde ich ein absolutes Gebot, alle einzelnen causae — bei Meidung des Verlustes des Klagerechts aus denselben — auf einmal vorschützen zu müssen, nach meinen eignen prakt. Erfahrungen selbst kaum zu empfehlen wagen. Es gibt der unvorhersehbaren Zufälligkeiten und Einreden im Processe zu viele, als daß nicht auch derjenige, welcher vor dem Proceßbeginne seine causa petendi mit Grund für verläßig erachten mochte, sich noch immer überrascht finden kann; — z. B. ein von auswärts in das ehemalig Fulda'sche oder ein sonstiges Particularrechtsgebiet Eingewanderter hält auf Grund einer alten öffentl. Urkunde den Erwerb seines Gutes für unanfechtbar; der Proceß belehrt ihn, daß zur Zeit der Errichtung dieser Urkunde obrigkeitliche Bestätigung zu deren Gültigkeit erforderlich gewesen wäre; jetzt erst sieht er ein, daß er sich auch auf Ersitzung hätte stützen müssen. — Es wird deshalb genügen, daß das Gesetz erfordert, daß der Kläger einen Grund glaubwürdig darlege, aus welchem sich ergibt, daß er die weitere causa petendi nicht aus Chikane später geltend gemacht, und dem Richter kann es dann überlassen bleiben, diesem Vorbringen sofort Glauben beizumessen oder Bescheinigung oder auch Beweis zu verlangen.

[11]) § 136—141 der D.C.P.O. v. 1877.

Selbstständiger Ausbau des heutigen materiellen Besitzrechtes und Casuistik desselben. — 1. Praktische Notwendigkeit eines solchen. Logische Unmöglichkeiten der Subsumtion unter die possessio. 2. Kein animus domini, kein constitutum possessorium, kein Besitz alieno nomine, kein interdictum adipissendae. Deutsche Besitzklage. 3. Erwerb (Tradition). 4. Zeitliche Begrenzung. 5. Causae. 6. Arten. 7. Accessorische Natur. 8. Verlust des Besitzrechtes. Klagenverjährung.

§ 9. In den obigen Ausführungen haben wir aus der bisher herrschenden Besitztheorie, u. zw. aus dem materiellen Rechte wie aus dem Besitzprocesse, das relative Eigentum der röm. possessio ausgeschieden. Nunmehr ist das, nach dessen Ausscheidung übrig bleibende, reine heutige Besitz- oder Detentionsrecht zufolge § 2, b seiner röm. Hülle zu entkleiden, in seinen einzelnen Rechtssätzen zu betrachten und zu construiren, — nachdem wir noch zuvor kurz das praktische Bedürfniß eines solchen Rechtes uns vor Augen gestellt haben werden. —

1. In seiner richtigen Begrenzung ist ohne Zweifel ein selbstständiges heutiges Besitzrecht sowie eine generelle Besitzklage für uns längst ein unabweisbares praktisches Bedürfniß. Denn dem, durch das heutige Gewohnheitsrecht sowie zum Teil schon durch die moderne Gesetzgebung[1]) sanctionirten Besitzrechte fehlt es vor allem im bisherigen sog. heutig römischen Rechte an einem vollständigen Rechtsschutze wie an einer generellen Klage;[2]) und dieser Mangel bietet unzweifelhaft eine Lücke des bisherigen positiven Rechts. Jeder „Dritte" kann das von mir besessene, gepachtete 2c. Grundstück occupiren und bebauen, an welchem ich in Folge verbindlichen Vertrages und Besitzübertragung vom recht-

---

[1]) Vgl. oben § 2, b mit § 11 unten.

[2]) Die von Kindel, Beitr. 1877, S. 440, erwähnte actio ad exhibendum und furti reicht offenbar nicht aus. Auch ist in dem hier fraglichen deutschen Besitzrechte unzweifelhaft keine Rede davon, daß der Besitzer in den, von Kindel ebenda S. 439 erwähnten Fällen: in dem Gewahrsame eines verlaufenen Viehes, stehen gelassenen Gegenstandes, unbekannten Schatzes (s. Ziff. 2, a unten), sowie ohne rechtl. Interesse (Ziff. 5 unten mit § 4 oben) geschützt werden solle.

mäßigen Eigentümer ein Besitzrecht tradirt erhalten habe; er kann sich in den Besitz der von mir besessenen Wohnung ꝛc. setzen: mir steht gegen die Störung dieses meines wohlerworbenen Besitzrechtes keine Klage, kein Interdict der röm. possessio gegen den Dritten, nur etwa die persönliche Klage gegen den sich verpflichtenden Eigentümer zu. Dieser kann mich gegen den Eindringling schützen, wenn er will und nicht zufällig selbst verhindert ist. Ist er aber eben innerhalb der Provinz verreist, sonst nicht sofort auffindbar, gestorben, geisteskrank geworden oder mag er mich einfach nicht schützen, bis er oder sein Vertreter von mir klagsweise gezwungen ist, vielleicht weil der Besitz sogar gegen seinen Willen entstanden ist, wie beim Retentionsrechte ꝛc., so erscheine ich eben bisher, trotz des mir vom Eigentümer übertragenen oder sonst rechtsförmlich erworbenen Rechtes, ohne daß mir eine deutschrechtliche generelle Besitzklage zur Seite steht, geradezu recht- und schutzlos. Damit dürfte sich das praktische Bedürfniß eines deutschen Besitzrechtes und einer deutschen Besitzklage zweifellos ergeben. Wie schon § 2, b bemerkt, kann der Eigentümer, welcher sein ganzes Eigentum an einen Dritten veräußern darf, rechtsverbindlich ohne Zweifel auch das bloße einzelne Besitzrecht rechtsgültig veräußern, weil keine Prohibitivvorschrift befiehlt, dies zu unterlassen. Kann aber der Eigentümer den Besitz veräußern, dann ist es absurd, daß das von ihm rechtsgültig veräußerte Besitzrecht, wie bisher, blos in den wenigen Fällen des sog. abgeleiteten Besitzes geschützt werden sollte, in welchen die Römer zufällig ihr Eigentum der possessio übertrugen, und daß das von mir wohlerworbene Besitzrecht in den übrigen Fällen, außer dem sog. abgeleiteten Besitze, dem Eigentümer oder doch Dritten gegenüber klaglos sein sollte, während der vom Eigentümer sonst veräußerten geringfügigsten servitus stillicidii sowie dem von ihm veräußerten ganzen Eigentume eine Klage zusteht! Es muß daher unzweifelhaft das vom Eigentümer unter Tradition des Besitzes an den Mieter, Pächter, Commodatar ꝛc. rechtsförmlich veräußerte Besitzrecht als solches ganz ebenso als dingliches Recht oder quasi-possessio des jus in re aliena, die fremde Sache zeitweise zu besitzen, klagsweise geschützt werden: es muß gewissermaßen ein Teil der Klage des Eigentümers logisch wie juristisch von diesem an den Besitzberechtigten, als Klage aus einem jus in re aliena, mit abgetreten und veräußert erachtet werden. Damit stimmt denn auch die Anschauung der von Bruns nachgewiesenen Praxis überein, welche dem heutigen Besitzrechte längst eine Klage zugestand (§ 2, b S. 43).

Ist aber ein heutiges Besitzrecht neben und unabhängig vom Eigentume praktisches Bedürfniß sowie durch juristische Consequenz und durch Gewohnheitsrecht begründet, so erschiene es ferner nicht blos geschichtlich, sondern vor allem auch logisch unmöglich, dies heutige Besitzrecht entweder direct oder auch nur analog durchgängig unter die Lehre und die Klagen der röm. *possessio* zu subsumiren. Das relative Eigentum der röm. possessio mag uns bisher manche vollständig zutreffende, ja die meisten Analogien geboten haben, weil ein durch Besitzerwerb erworbenes Eigentum und ein jus in re aliena, die Sache zu besitzen, in der That mehrfache Verwandtschaften zeigt. Daß aber eine unbedingte Analogie dieser Institute fernerhin ein Ding der Unmöglichkeit sein werde, wird einer praktischen Anschauung der Sachlage nicht entgehen.[3]) Die wesentlichsten Fälle, in welchen sich die Unmöglichkeit einer solchen Analogie selbst schon aus logischen Gründen zeigt, dürften etwa folgende sein:

a. Dem heutigen Besitzrechte sollte beispielsweise ein *animus domini* innewohnen, weil dem röm. „Eigentume" der possessio ein solcher zusteht. — Der heutige Besitzberechtigte würde damit wollen müssen, was er als solcher in der That „niemals" will und niemals wollen „darf"! — Stellen wir diesen, unsrem Besitzrechte von außen aufgedrungenen animus domini irgend einem unzweifelhaften, etwa dem jetzt selbst von der Reichsgesetzgebung anerkannten deutschen Besitzrechte des Faustpfandes gegenüber. Der Faustpfandgläubiger will als solcher niemals das Eigentum und darf es nicht wollen, weil ihm nur das factische Innehaben der Sache zusteht, solange, bis er befriedigt ist. Trotzdem sollte er sich aber diesen für ihn factisch und rechtlich unmöglichen animus beilegen — gewissermaßen erheucheln — müssen, weil er ja sonst nicht der Interdicte des röm. possessor teilhaftig und damit klaglos wäre? Ähnlich bei jedem andern rein deutschen Besitzrechte nach § 2, b: des Retentionsberechtigten, Lehensträgers, Concursverwalters, Pächters ꝛc.

---

[3]) Einzelne dieser Unmöglichkeiten habe ich bereits hervorgehoben in meiner Schrift „Das prakt. Bedürfniß der Rechtsreform", 1865, S. 143—145; vgl. auch Grünhut's Zeitschr., Bd. VI, S. 398, Note 4. Teilweise haben dieselben gleichfalls bereits anerkannt Ihering, Beitr. 1868, S. 2, u. A.

b. Ebenso absurd wäre es ferner, anzunehmen, dem deutschen Besitzrechte, welches zu seiner Entstehung factischer Besitzerwerbung bedarf, könne ein interdictum *adipiscendae possessionis*[4]) analog zustehen. Das deutsche Besitzrecht wird durch diese factische Apprehension des Besitzes, welche entweder originäre Occupation oder derivative Tradition ist, erst erworben (§ 9 Z. 3); und dennoch sollte es anderseits logisch schon eine Klage aus diesem heutigen Besitzrechte geben können, ohne daß von mir der Besitz noch apprehendirt oder erworben ist? Wie sollte eine Klage aus einem Rechte denkbar sein, welches von uns noch gar nicht einmal erworben ist?!

c. Das Factum des heutigen Besitzrechtes ferner, welches der ganze Inhalt dieses Rechtes ist, sollte — analog dem Eigentume der possessio — *alieno nomine* ausgeübt werden können: als ob ein Anderer für mich etwa „factisch" sollte „schlafen, essen, herrschen, ein Haus bewohnen, eine Sache innehaben und sich für mich derselben erfreuen", kurz ein „Factum" sollte üben und sich für mich in einem factischen Zustande sollte befinden können! Wohl kann dieses heutige Besitzrecht, das Recht, eine fremde Sache innezuhaben, auch einem Andern übertragen werden. Dann ist aber eben dies Besitzrecht selbst dem Andern zeitweise abgetreten und veräußert.

d. Der Veräußernde sollte mir das, durch factischen Besitzerwerb bedingte heutige Besitzrecht mittels eines *constitutum possessorium* schon rechtlich genügend übertragen können, in welchem ich doch diesen factischen Besitz „niemals" erlange. Vergeblich würde ich nach dem Abschlusse eines solchen constitutum mich nach dem, von mir etwa gewünschten oder benötigten factischen Besitze umsehen! Der Erfolg würde mich da belehren, daß gerade der factische Besitz es ist, welchen mein Gegner ja selbst behalten darf; somit, daß ich eine bisher nur so „genannte" Besitzübertragung erwirkt habe, welche nicht Besitz überträgt! Vgl. darüber § 9, Z. 3.

---

[4]) Bei der röm. possessio war ein interdict. *adipiscendae* gleichfalls nur insoweit möglich, als diese ohne Tradition erworben wurde. Dies war der Fall bei dem Erwerbe der possessio nach jus civile, welcher stets ipso jure ohne Tradition erfolgte; z. B. bei dem Erwerbe mittels Legates. Es ist, wie schon erwähnt, ein weiterer Irrtum, daß die röm. possessio stets eine Tradition voraussetze. Vgl. m. Abh. in Grünhut's Zeitschr., Bd. VI, S. 581—582, § 9. M. vgl. unten Note 18 und § 12.

e. Einer weiter unmöglichen Analogie zwischen possessio und heutigem Besitzrechte habe ich bereits gedacht: das Besitzrecht sollte analog der röm. possessio nur in den Fällen der sog. abgeleiteten possessio, des *pignus*, *precarium* und *sequester* rechtlich möglich sein dürfen, im Übrigen nicht. Damit würde dasselbe in den vielfältigen übrigen Fällen des deutschen Besitzrechtes, somit meistenteils, gegen Angriffe und Störungen seines Rechts völlig schutzlos sein.

Alle diese Analogien der röm. possessio somit würden das Wesen unsres heutigen Besitzrechtes selbst zerstören.

2. Aus dem unter 1. Erwähnten somit ergibt sich für den Ausbau unsrer heutigen Besitzlehre vorläufig Folgendes:

a) Ein *animus domini*[5]), die Absicht eines Eigentumserwerbes wie ein animus rem sibi habendi, ist nur denkbar bei der röm. possessio und überhaupt beim abs. und relativen Eigentume, nicht bei dem deutschen Besitzrechte: dem Rechte, eine fremde Sache in Folge eines jus in re aliena zu besitzen. Hier kann nur die Absicht bestehen, die fremde Sache zu besitzen, sie innezuhaben. Durch die Absicht, zu besitzen, unterscheidet sich alsdann das absolute und relative deutsche Besitzrecht vor allem als Recht von dem bloßen Factum des Besitzes. Durch diesen bloßen animus zu besitzen ohne animus domini unterscheidet sich aber ferner unser heutiges Besitzrecht von dem absoluten und relativen Eigentume des röm. possessor. Denn mit der Annahme des animus domini würde der Besitzer entweder — z. B. bei dem originären Erwerbe — absoluter, oder — bei dem Erwerbe fremder Sachen — wenigstens relativer Eigentümer oder possessor und zwar wieder entweder bonae oder malae fidei possessor, niemals aber Besitzer. Z. B. ein Retentionsberechtigter, ein Pächter ist mit animus zu besitzen gutgläubiger Besitzer, mit dem animus domini dagegen malae fidei possessor: Eigentumsprätendent in bösem Glauben.

b. Ein analoges *constitutum possessorium*,[6]) — d. i. ein Besitz ohne Besitzübertragung — und ebenso ein factisches Besitzrecht *alieno nomine*, sind sich widersprechende und deshalb unmögliche Begriffe. Während ein „Recht", wie das Eigentum der possessio ein tenere

---

[5]) Vgl. oben Ziff. 1, a.

[6]) Vgl. Ziff. 1 d. u. c.

der Sache für einen Andern oder alieno nomine allerdings zuläßt, besteht das ganze Besitzrecht gerade umgekehrt nur in diesem Rechte des factischen tenere, der sogen. Detention selbst. Wohl kann auch dies deutsche Innehaben vom Berechtigten als sogen. abgeleitetes Besitzrecht[6b]) einem Anderen übertragen werden; alsdann ist aber insolange das ganze Besitzrecht zeitweise veräußert; und der factische „Besitzer" alieno nomine, wie zu 1, c. gezeigt, selbst Besitzer. Mit Recht erfordert daher die deutsche Reichsgesetzgebung[7]) für das deutsche Faustpfand nicht blos ein Erlangen, sondern auch ein Behalten des Gewahrsames. (Vgl. § 9 Z. 3.) — Dieses „Behalten" involvirt wenigstens „ein nicht selbst Aufgeben". Dann also, wenn der Besitz wider Willen entwunden ist, kann das Besitzrecht nach dem Satze[8]): qui actionem habet ad recuperandam, ipsam rem habere videtur, noch rechtlich immerhin fortbestehend erachtet werden, d. h. der Dejicirte kann confessorisch nach Art eines interdictum *retinendae*[9]) klagen, und der Besitzberechtigte retinirt animo das Recht, factisch zu besitzen, ohne factisch zu besitzen. Anders dagegen, wenn der Besitz freiwillig, wenn auch nur precario oder widerruflich, aus der Hand gegeben ist. Z. B. ein Faustpfandgläubiger, Retentionsberechtigter rc. ermächtigt einen Dritten, eine umfangreichere rc. Sache in seinem Namen zu verwahren. Damit hat der Besitzberechtigte selbst das Factum animo aufgegeben und erlangt der Inhaber des Lagerraumes rc. das abgeleitete, widerrufliche oder precäre deutsche Besitzrecht, jener Pfandgläubiger rc. dagegen erlangt im Falle der Weigerung der Herausgabe erst nach dem Obsiege mit der confessoria aus dem Besitzrechte, welche analog dem interdictum *recuperandae* wirkt,

---

6b) Der Begriff „abgeleiteter Besitz" wird hier selbstverständlich nicht im Sinne der herrschenden Besitzlehre Savigny's angewendet; dessen abgeleiteter Besitz ist kein solcher, sondern ein directer. Abgeleitet ist nur der Besitz, der von einem directen Besitzer auf einen neuen übertragen wird.

7) § 14, Einf.-Ges. zur Concursordnung vom 10. Februar 1877.

8) l. 15, D. R. J., 50, 17.

9) Ich glaube, früher („Zur Kritik der heutigen Negatorienklage rc., Jena, 1873, S. 119 ff.) bereits genügend nachgewiesen zu haben, daß der factische Besitz das richtige Kriterium ist, welches die negatoria oder negative Klage von der confessoria unterscheidet. Demzufolge ist ein interdictum oder eine actio retinendae bald eine confessorische Klage: wenn sie das Recht und nicht das Factum retinirt; bald eine negative, wenn sie beides retinirt.

und nach Rückerstattung dieses precären Besitzes sein Besitzrecht von dem nur widerruflich Besitzberechtigten wieder.

Dagegen haben bloße Haussöhne, Dienstboten, Hausgenossen, Taglöhner, Gesellen, Stellvertreter für einzelne Besitzacte, wie z. B. für das bloße Abärndten eines Grundstückes, solange sie nicht förmliche Verwalter sind, an sich und als solche, selbst wenn sie die Sache momentan innehaben, weder Gewahrsam[10a]) noch Verfügungsrecht, daher überhaupt keinen abgeleiteten Besitz, weil dieselben rechtlich nicht selbst den Willen zu disponiren haben können, sondern nur den Willen, den Dispositionen des Besitzers als dessen Organe bei dessen Verfügungen oder Ausübung des Besitzes zu folgen, und weil diese daher nur dessen, nicht den eignen, Besitz ausüben.

c. Aus dem Gesagten ergibt sich ferner: die deutsche Besitzklage[10b]) kann niemals eine Klage adipiscendae, sondern nur retinendae und recuperandae sein, solange wir uns das deutsche Traditionssystem[11]) unmodificirt in Kraft denken. Denn entweder müßte dieses Traditionssystem, d. i. die Vorschrift fallen, daß das Besitzrecht erst durch die Übergabe der Sache „entsteht"; oder es muß diese Klage adipiscendae fallen, welche bewirken würde, daß aus einem erworbenen Besitzrechte geklagt werden kann, obwohl die Sache noch nicht durch Tradition erworben ist. Ersteres ist nur beim Eigentume denkbar, dem Wesen des deutschen Besitzes aber zuwider. — Auch schon mittels der Functionen des retinere und recuperare aber wird das durch Besitzübertragung erworbene dingliche Recht des Besitzes nach allen Seiten hin gleich jedem andern dinglichen Rechte geschützt erscheinen. Jedes erworbene Recht bedarf überhaupt nur einerseits einer Klage zum positiven Anspruche des entwundenen Rechtes: eine *confessoria*, analog dem interd. recuperandae; und anderseits einer Klage zur negativen

---

10a) In ähnlicher Weise entscheidet bereits das deutsche Strafrecht (vgl. § 11, d.). Z. B. der Dienstbote, die Haushälterin hat regelmäßig keinen Gewahrsam an den Gegenständen des Herrn, der Sträfling nicht an den von ihm benutzten Gegenständen, Schuhen ꝛc. der Strafanstalt. Stenglein, Zeitschr. f. G. u. R., Bd. XVIII (n. F. VIII), S. 181—184. Vgl. Oppenhof, Comm. zum St.-G.-B., § 242, Note 16 ff., bes. Note 21 der 7. Aufl., Rechtsprechung d. D. Reichsger. in Straff. I., S. 540.

10b) Vgl. Z. 1, b. u. c.

11) Ueber die deutsche Tradition das Nähere unten Ziffer 3.

Abwehr von bloßen Störungen des noch nicht entwundenen Rechts, einer *negatoria*, eines analogen interdict. retinendae; und diese confessoria und negatoria ist auch der Inhalt, die „Eigenschaft" der deutschen Besitzklage.[12])

3. Der derivative Erwerb des heutigen deutschen Besitzrechtes erfolgt, abgesehen von dem animus zu besitzen, nach dem von uns bisher bei dem sogen. abgeleiteten Besitzrechte geübten Gewohnheitsrechte sowie nach der neuerlichen Vorschrift der Reichsgesetzgebung für das deutsche Faustpfand[13]), ausschließlich durch Besitzübertragung oder „deutsche Tradition". — Diese heutige deutsche Tradition[14]) aber ist eine andere als die römische! —

Vor allem ist demnach hier der weitere, tiefgehende Irrtum unsrer bisherigen Jurisprudenz aufzuklären, als ob die römische traditio identisch sei mit unsrer heutigen deutschen Besitzübertragung und für das heutige Besitzrecht direct verwertbar. — Die römische Tradition ist keineswegs notwendig eine Besitzübertragung (oder auch nur die „physische Möglichkeit" einer Einwirkung, Savigny's Bes. § 14 ff.). Gleichwie wir bisher gesehen, daß die römische possessio überhaupt niemals weder unser factischer „Besitz", noch unser heutiges deutsches „Besitzrecht" einschließlich der heutigen Auffassung des sog. abgeleiteten Besitzrechtes ist, sondern ein Eigentum, so dürfte sich jetzt die Annahme als eine Täuschung ergeben, daß auch die römische traditio, welche eben diese röm. possessio überträgt, eine Übertragung unsres factischen Besitzes sei.

---

[12]) Vgl. meine Schrift: Zur Kritik der heutigen Negatorien- und Confessorienklage, Jena 1873, S. 16—21 und unten § 12, A. 3.

[13]) § 14, Einführ.-Ges. zur d. Conc.-Ordn. vom 10. Febr. 1877: „wenn der Faustpfandgläubiger den Gewahrsam der Sache erlangt und behalten hat".

[14]) Wir haben im Verlaufe der Geschichte bereits eine dreifache Begriffswandlung des Wortes Tradition zu verzeichnen: 1) die römische traditio ist „corpus" mit animus domini oder „Verkörperung" dieses animus, Eigentum zu übertragen; 2) die mittelalterliche Tradition ist (m. vgl. die Ergebnisse von Stobbe, Laband, Heusler, Sohm, Gareis, Brunner, Gengler u. A., neuerdings von Randa, Grünhut's Zeitschr. VI, S. 83 f.) gleichbedeutend mit Vertrag, sala, Auflassung, welche mit der Investitur oder Besitzeinweisung verbunden werden konnte; 3) der heutig übliche Begriff der Tradition endlich bezeichnet eine Besitzübertragung, und zw. eine Uebertragung des körperlichen, factischen Besitzes. Vgl. unten § 12, Text zu Note 7—10.

Schon geschichtlich wird sich dies als nicht wahrscheinlich erweisen. Die Eigentumsübertragung erfolgte nämlich geschichtlich in Rom, so weit möglich, durch Vertrag; insbes. im jus civile ausschließlich durch die „Vertragsformen" der mancipatio und in jure cessio. Aber auch im jus gentium und im Just. Recht ist dem Vertrage keineswegs die Wirkung der Eigentumsübertragung entzogen. Der, als Ausdruck des Justinianischen Rechts aufgefaßte Satz: traditionibus et usucapionibus dominia rerum, non *nudis* pactis transferentur, — welchen übrigens Justinian selbst[14a]) dahin richtig stellt: per traditionem *„quoque"* res nobis adquiruntur, und: *interdum* etiam *sine traditione* nuda voluntas domini sufficit ad rem transferendam, veluti etc. — schließt durch seinen Wortlaut selbst den Eigentumserwerb durch bloßen Vertrag keineswegs aus; denn nur durch unklagbare, unwirksame pacta „nuda" sollte hienach das Eigentum nicht übergehen; daraus schon folgt sogar umgekehrt, daß durch klagbare Verträge[14b]) das Eigentum allerdings übergehen sollte, und ergibt sich die Wahrscheinlichkeit, daß, wenn die pacta, die Verträge des jus gentium, klagbar gewesen wären, man in Rom einer traditio nicht bedurft hätte. In der That aber ergibt der Ort der Entstehung der röm. traditio und das Wesen der letzteren die nähere Aufklärung, warum der Eigentumsübergang im jus gentium allein regelmäßig nur durch traditio erfolgen konnte, während hiezu im übrigen Rechte der Vertrag als zureichend befunden wurde, und wie diese röm. traditio von der deutschen Besitzübertragung verschieden sich gestaltete. — Die röm. traditio entstand im jus gentium, dem gemeinen (gemeinschaftlichen) Verkehrsrechte aller einzelnen Volksabstammungen des röm. Reichs: für cives und Nichtcives, Peregrinen, Latinen 2c., welche im Verkehre unter sich kein commercium hatten und daher unfähig waren, Verträge zu schließen. Die Verträge nach jus gentium waren unwirksame pacta (nuda). Um hier nun trotz des mangelnden Vertragsrechtes Eigentum übertragen und Handel und Verkehr überhaupt zu ermöglichen, entstand, — als „Surrogat" des in diesem Verkehre unmöglichen civilen Vertrages der mancipatio und in jure cessio, — die

[14a]) §§ 40 u. 44 J. 2, 1. Der ersterwähnte Satz findet sich in c. 20 C. de pactis 2, 3.

[14b]) Daß dies der Fall war, darüber unten Text, Note 18 und die dortigen Allegate.

traditio des jus gentium mit der Wirkung der Eigentumsübertragung nach jus gentium: der possessio. Schon die geschichtliche Thatsache, daß die röm. traditio so nur als ein Surrogat des rechtlich unzugänglichen civilen Vertrages erschien, läßt ahnen, daß dieselbe kein Gegensatz zu diesem Vertrage und nicht etwa lediglich ein factischer Besitz, gewesen sein werde. — Dasselbe Resultat ergibt verlässiger das Wesen, der allgemeinere Begriff der römischen traditio, welche „corpore“ et animo domini vor sich geht. Dieses römische corpus ist wörtlich und richtig übersetzt: die äußere „Verkörperung“ des Willens, Eigentum zu übertragen; sie erscheint die plastische, äußerlich erkennbare Äußerung dieses Willens. Gleichgültig ist bei ihr namentlich die Gegenwart des Erwerbers[15]), welche allein ermöglichen würde, daß bei ihr dem Erwerbenden factischer „Besitz“ oder Gewahrsam übertragen werde; denn ohne Anwesenheit ist ein wirklicher Besitz, ein Innehaben oder Gewahrsam des Erwerbers, nicht möglich. Aus diesem Begriffe schon ergibt sich somit, daß die Thatsache der Willensverkörperung oder Willensäußerung, welche in der röm. traditio an Stelle des Vertrages den Eigentumsübergang bewirkte, nicht entfernt gerade unbedingt eine Besitzübertragung sein mußte; denn der Wille zu übertragen „äußert“ sich als Thatsache nicht blos durch Besitzübertragung; so zwar, daß wir den Begriff dieser röm. traditio in vorneherein im Principe weit richtiger als

---

[15]) Diese Gleichgültigkeit einer Anwesenheit betont insbes. Kindler in den Beitr. zur Erläuterung des d. Rs. v. Rassow, 3. F. II, 1878, S. 573—583. Vgl. Randa, D. Bes. § 11. — Unser bisheriges Befangensein in den uns angeborenen germanischen Besitzanschauungen hat uns das Erfassen der vom Besitze vollständig unabhängigen röm. Tradition bisher erschwert. Der Verf. selbst bekennt, daß er sich noch in seinem Juristentagsgutachten des letztverflossenen Juristentags von 1878 über die Tradition, Verh. d. 14. d. Juristentags, Bd. I, Heft 2, S. 56 ff., hievon trotz des daselbst S. 62 Gesagten nicht völlig frei zu machen vermochte. Erst in einem Aufsatze über den „Eigentumsübergang im kommenden nat. Civilgesetzbuche“, in Nr. 157—159, 162, 166 der Neuen Frankfurter Presse vom 11.—20. Juni 1879, hat derselbe die Unabhängigkeit der röm. traditio von dem Besitze als eines stillschweigenden, concludent abgeschlossenen „Vertrages“ und einer thatsächlichen Verkörperung der Eigentumsüberlassung mehr hervorgehoben, bei welcher der Vertrag nicht der Grund, sondern nur die „Veranlassung“ — die „causa“ — des corpore et animo domini allein übergehenden Eigentums ist, und in welcher die Thatsache des Uebergangs durch die Thatsache der Verkörperung des Willens, wenn auch darum noch nicht notwendig durch die Thatsache eines Besitzes, sich verwirklicht.

eine trans-itio, denn als eine heutige trans-datio oder Besitzübertragung aufzufassen haben werden. — Dasselbe bestätigt endlich vollständig das römische Dogma.

Allerdings konnte die römische traditio dogmatisch zugleich auch eine wirkliche „Besitzübertragung" sein; so etwa, wenn ich dem Erwerber selbst die zu veräußernde Sache in die Hand drücke. Wesentlich und notwendig aber war diese Besitzübertragung für die thatsächliche Willensäußerung der römischen traditio inhaltlich der römischen Quellen keineswegs, und wohl in den meisten Fällen ging die traditio ganz im Gegenteile völlig ohne Besitzübertragung vor sich. So war eine Sache in Rom beispielsweise in den gewöhnlichsten Fällen schon tradirt, wenn dieselbe dem gegenwärtigen Erwerber vorgezeigt wurde. Vor allem dieser gewöhnlichste römische Traditionsact begründet nichts, als eine Willensäußerung, noch lange keinen factischen Besitz. Andere derartige Willensverkörperungen der römischen Tradition ganz ohne Besitzübertragung liegen ferner vor: in den Fällen einer traditio longa manu, eines sog. constitutum, der Überlassung einer vacua possessio 2c. So war beispielsweise eine Sache in Rom auch schon tradirt, wenn ich sie von der Ferne, von einem benachbarten Turme aus lediglich zeige, ohne daß sich somit der Erwerber auf dem Grundstücke oder so in dessen unmittelbarer Nähe befindet, daß er dasselbe beschreiten, occupiren oder seinerseits Besitzhandlungen vornehmen konnte; schwer bewegliche Sachen ferner werden in Gegenwart der Contrahenten selbst durch bloßen Consens, also durch Vertrag „tradirt"; andere Gegenstände dadurch, daß der Tradent dieselben nicht mir, sondern mit meiner Einwilligung sofort einem Dritten gibt; ja selbst wenn der Tradent, welcher vermeintlich factischen Besitz übertragen sollte, diesen Besitz überhaupt nicht überträgt, sondern selbst behält; somit in Fällen, in welchen ein deutscher Besitz überhaupt nicht einmal erworben werden könnte. Ähnlich wenn der Veräußernde die sog. vacua possessio gewährt, d. i. das Object freiläßt und allerdings eine Selbstbesitzergreifung des Erwerbes ausdrücklich oder stillschweigend gestattet, ohne daß aber der neue Erwerber den Besitz seinerseits schon factisch erworben hat;[16]) auch hier wieder mußte zwar eine Thatsache der Äußerung

---

[16]) Tradition durch Zeigen von einem Turme ohne Erforderniß weiterer Besitzhandlung Seitens des Erwerbers l. 18, § 2 D. de poss. 41, 2; durch Auf-

des Willens, zu alieniren, keineswegs aber die Thatsache eines „Besitzerwerbes“ des neuen Erwerbers vorliegen. Ebenso gilt auch bei Servituten der bloße usus pro traditione, welcher der patientia gleichstand;[17]) von der Übertragung eines factischen „Besitzes“ an dem körperlichen Gegenstande somit ist in all' diesen Fällen keine Rede.[18])

Da nun, wo die herrschende Besitztheorie nicht mit ihrem Besitze oder ihrer physischen Möglichkeit des Einwirkens ausreicht, suchte sich dieselbe durch einen Besitz alieno nomine, durch einen Besitz eines Stellvertreters über die entstehenden Schwierigkeiten hinüberzuhelfen. Namentlich das sog. römische *constitutum possessorium* müssen wir aus diesem Grunde hier noch etwas näher ins Auge fassen, weil der richtigeren älteren Anschauung gegenüber — daß dasselbe eine bloße Erklärung mit Worten, somit ein corpus oder eine Willensverkörperung in unsrem Sinne, enthalte, — auch hier seit Savigny die gegenteilige Annahme herrschend geworden ist: auch in diesem constitutum trete jene factische „Besitzübertretung“ durch einen Stellvertreter ein und es liege somit hier ein „factischer Besitz alieno nomine“ vor. Diese Auf-

---

trag an einen Schuldner, das Geld einem Dritten zu geben, ohne daß erfordert wird, daß ich oder der Dritte den Besitz bereits erhalten habe; ferner bei schweren Gegenständen: der bloße Consens: quae propter magnitudinem ponderis moveri non possunt — pro traditis haberi, si in re praesenti *consenserint* in l. 1, § 21 D. eod. 41, 2. Andere Fälle der Uebergabe an Dritte l. 11 pr. D. de Public. 6, 2; l. 15 D. 12, 1; l. 43, § 1 D. 23, 3; l. 3, § 12 D. 24, 1. Die Fälle des sogen. constitutum possessorium siehe bei Savigny, Bes., § 27. Fälle einer vacua possessio: l. 52, § 2, l. 18, § 2 D. de poss. 41, 2. Fragm. Vatic. § 316 2c.

[17]) l. 20 D. de serv. 8, 1; l. 11, § 1 D. de Public. 6, 2.

[18]) In all diesen Fällen liegt eine röm. Tradition vor, obgleich ein deutscher factischer Besitz nicht übertragen ist. Wie schon bemerkt, existiren aber auch Fälle, in welchen im Just. Rechte noch wie im alten jus civile sowohl possessio als dominium überhaupt ohne Tradition, selbst also auch ohne die röm. Verkörperung des corpus übertragen wird. Abgesehen von dem von Puchta, Curs. II, § 241 Note c., Arndts Pand., § 145 Note 1 u. A. gegenüber Savigny, Bes., § 27, 6. Aufl. S. 374 anerkannten Fall der societas omnium bonorum war dies der Fall bei der Erwerbung der possessio jure civili, bei den letztwilligen Zuwendungen: Erbschaft, Legat, mortis causa donatio, ferner bei Uebertragung der possessio durch judex und praetor, der adjudicatio etc. Vgl. meine Ausführung in Grünhut's Zeitschr., Bd. VI, S. 581—582 mit Note 18 das.; ferner unten § 12, Text zu Note 8—12.

fassung Savigny's ist um so merkwürdiger, weil damit gerade dieser Jurist, welcher doch vor allem reines römisches Recht darstellen wollte, hier in die Lehre der röm. possessio erst die uns allen gewissermaßen in den Gliedern liegende und angeborne germanische Besitzanschauung und Besitzübertragung neuerdings hineingetragen hat, welche selbst weniger romanistisch denkende Vorgänger vor ihm noch nicht in diese Lehre hineinzutragen wagten. Auch ist diese Anschauung deshalb für uns beachtenswert, weil die bezügliche Frage gerade jetzt in dem bevorstehenden d. Juristentage des Jahres 1880 sich zur Lösung aufwirft.[18a])

Wir stoßen eben in dieser Auffassung des constitutum wieder auf eine große, factische wie logische „Unmöglichkeit" der herrschenden Besitzlehre seit Savigny, welche wir schon oben § 9, 1 c. und 2, b. vorübergehend berührt haben, und welche uns neuerdings beweisen dürfte, daß selbst der beste Jurist nicht im Stande ist, die einmal systematisch sich widerstreitenden und deshalb unvereinbaren Begriffe eines Eigentumes oder der röm. possessio und des heutigen Besitzes in ein einheitliches Institut aufzulösen: wir stoßen hier wieder auf die schon früher berührte Unmöglichkeit eines „Besitzes alieno nomine", welche uns auch die Unmöglichkeit der Erfassung eines constitutum vom Besitzstandpunkte aus

---

[18a]) Schon verbreiten sich die eben erscheinenden Gutachten d. d. Juristentages über diese Fragen: Verhandlungen des 15. d. Juristentages, 1880, Bd. I, S. 3, 72, 93. — Aus den obigen Gründen dürfte die, soeben dem Juristentage unterbreitete Frage: „Ob und unter welchen Voraussetzungen das constitutum possessorium mit der Wirkung der Besitzübertragung für bewegliche Sachen auszustatten sei?" für das heutige deutsche Besitzrecht (oben § 2, b.), insbesondere für das deutsche Faustpfand unbedingt zu verneinen, für den Eigentumsübergang aber dahin zu beantworten sein, daß das sogen. constitutum possessorium, dieses Fortbehalten des factischen Besitzes durch den Veräußerer selbst, keinesfalls als ein factischer Besitz des neuen Eigentümers aufgefaßt werden kann, und der Juristentag, welcher sich schon früher für eine Tradition im Allgemeinen entschieden hat, dürfte sich immerhin zuvor noch über die weitere Vorfrage schlüssig zu machen haben, welcher Tradition er für den Eigentumserwerb den Vorzug geben will; ob der freilich praktisch kaum durchgängig ausführbaren heutigen deutschen Besitzübertragung (Uebertragung des factischen Besitzes), oder der römischen Tradition, welche als eine bloße thatsächliche Aeußerung des Willens, Eigentum zu übertragen, erscheint. In ersterem Falle müßte das praktisch absolut unentbehrliche sog. const. poss. die Ausnahme von der Regel bilden; im letzteren Falle aber fiele das constitutum selbst unter den Begriff und die Regel der röm. Tradition. Vgl. § 12.

zeigen dürfte. Während ein „Recht“, wie das röm. Eigentum der possessio, allerdings eine Ausübung alieno nomine zuläßt, ist es absurd, anzunehmen, daß der Veräußernde auch einen bloßen „factischen“ Besitz für einen Andern alieno nomine zurückbehalte durch welchen ein Recht erst erworben werden soll; es ist dies ebenso unmöglich, wie die Annahme, daß jemand in irgend einem andern factischen Zustande Namens eines Andern sich sollte befinden, für einen Dritten etwa sollte factisch schlafen, essen, berauscht sein, — besitzen — können! Weil dies unmöglich, so kann auch die Erklärung des Veräußernden um constit. poss., daß er die Sache für einen Andern haben wolle, nur als Erklärung des Willens, das Recht oder Eigentum der possessio für einen Andern ausüben zu wollen, nimmermehr aber als eine „Thatsache“ oder „Besitz für einen Andern“ (Besitz alieno nomine) erfaßt werden.

Dieses römische constitum aber ist in jeder denkbaren Form niemals eine Besitzübertragung und ebendeshalb niemals für das Besitzrecht analog verwertbar, sei es, daß ein wirkliches römisches oder nur ein heutzutage sogenanntes constitutum vorliegt.[18b])

[18b]) Ein wirkliches römisches constitutum possessorium nämlich wäre ein klagbarer „Vertrag“, welcher im röm. Rechte als solcher schon Eigentum übertrüge, ohne daß er einer Besitzübertragung bedürfte und wäre deshalb gleichfalls nicht als Besitzübertragung construirbar; dieses wirkliche, nicht das bei uns sogen. const. erschien ein (wiederholter) Anerkennungsvertrag; solche Verträge, welche hier die naturalis obligatio des vorausgehenden unklagbaren pactum nudum, des früheren Veräußerungsvertrages, nochmals anzuerkennen hätten, hat der röm. praetor generell für klagbar (für sogen. parta vestita) erklärt. Dieses wirkliche constitutum hätte also in Rom selbst, ohne auch nur einer weiteren römischen traditio zu bedürfen, — als klagbarer Vertrag schon — beispielsweise als Veräußerungs-, Kauf- oder sonstiger Vertrag ohne stipulatio oder Mancipation ꝛc. ohne Zweifel Eigentum übertragen; auf dieses hätte der röm. Satz: traditionibus, non *nudis* pactis dominia transferentur keine Anwendung gefunden. — Die Fälle des heutzutage sogenannten possessorium aber, in welchen der frühere Eigentümer ausdrücklich oder stillschweigend (concludent) erklärt, er werde das Eigentum der possessio Namens des Erwerbers ausüben, Fälle, welche erst die Neueren, nicht die Römer, als constitutum bezeichnen und welche Savigny, Bes., § 27, aufzählt, sind nicht einmal jenes wirkliche ebenerwähnte röm. constitutum, sind ferner in Rom als unklagbare Verträge allein nicht zur Uebertragung der possessio befähigt, sondern übertragen die possessio nur aus dem Gesichtspunkte der römischen traditio oder Willensverkörperung; aber auch sie können, wie bemerkt, nicht analog für das heutige Besitzrecht verwertet werden, weil sie keine Besitzübertragung enthalten und weil für den Besitzerwerb ein Besitz alieno nomine undenkbar ist.

Aus dem gleichen Grunde ferner, weil ein heutiger Besitzerwerb alieno nomine überhaupt unmöglich ist, folgt weiter, daß auch alle übrigen Fälle des Erwerbes der possessio alieno nomine oder durch Stellvertreter, welche ohne Willen des Erwerbers erfolgen (Sav., Bes., § 26 ff.), nicht analog bei dem heutigen Besitzrechte eintreten können; somit abgesehen von dem eben berührten sog. constitutum possessorium nicht: der Erwerb durch Hauskinder beim Peculium, durch Vormünder und durch Repräsentanten juristischer Personen, solange diese für sich handeln und nicht die bloßen Ausführungsorgane des Willens ihrer Repräsentanten sind, § 9 Z. 2 b. In all' diesen Fällen kann eine röm. possessio, ein „Recht" und Eigentum durch Stellvertreter erworben werden, nimmermehr aber die „Thatsache" des Besitzes, welche das Recht erwerben soll, in diese Thatsache einzutreten.

Die heutige deutsche Besitzübertragung dagegen ist ihrem wesentlichen Inhalte nach nicht ein röm. corpus oder diese bloße Willensverkörperung allein, sondern eine wirkliche Übertragung des factischen Besitzes: des wirklichen Innehabens der Sache, wie eben bei dem deutschen Faustpfande bereits rechtsgesetzlich ausgesprochen ist, und die wirkliche Disposition über dieselbe. Z. B. der deutsche Richter dürfte ein Faustpfand, ein Retentionsrecht 2c. nur dann zugestehen, wenn die bewegliche Sache bereits im Hause oder unter Verschluß des Erwerbers sich befindet, wenn Holzstämme nicht blos vorgezeigt, sondern von dem Orte des Verstrichs weg auf den Lagerplatz oder sonst in den Gewahrsam des Steigerers verbracht, wenn die Ärndte auf dem eignen Grund und Boden des Erwerbers oder in einer fremden Scheune sich befindet, zu welcher aber der letztere wenigstens den Schlüssel hat 2c. Zwar wird auch eine einfache Freilassung des Besitzes Seitens des Veräußernden analog der vacua possessio nicht ausgeschlossen sein. Aber diese wird nicht, wie bei der röm. Tradition, genügen; sondern der Erwerber wird überdies den Besitz thatsächlich noch occupiren müssen, um Besitzer zu werden; bei einem umschlossenen Grundstücke beispielsweise, indem er sich den Verschluß, Schlüssel 2c. verschafft; bei einem offenen Grundstück etwa, indem er thatsächliche Besitzhandlungen vornimmt; etwa das Grundstück selbst beschreitet, oder dessen Bebauung thatsächlich anordnet und ausführen läßt 2c.

Von solchen Besitzacten an mag das dingliche Retentionsrecht, die dingliche Klage des deutschen Besitzrechtes wegen Besitz störung ꝛc. beginnen. Vor diesen Acten dagegen ist nur die persönliche Klage gegen den Veräußerer aus irgend einer causa denkbar, nicht aber die dingliche.

Der Erwerb des Besitzrechtes überhaupt ist indessen nicht blos dieser bisher berührte derivative, durch Übertragung vom Eigentümer oder Besitzberechtigten erworbene, sondern zugleich auch ein originärer; wie z. B. beim Finder ohne animus domini, bei der Übernahme der custodia oder der Verwaltung für einen Abwesenden, Flüchtigen auf Grund einer negotorium gestio ꝛc. Ein solch' originärer Erwerb ist derjenige Erwerb eines Besitzrechtes, welches sich nicht von einem autor ableitet.

4. Namentlich auch **zeitlich** ist das heutige, vom Eigentume verschiedene, Besitzrecht begrenzt; sonst würde es das Eigentum selbst aufheben können. Ein ewiges Besitzrecht ist undenkbar; dies ist Eigentum. Selbst bei dem Lehen, dem noch am meisten auf Dauer berechneten Besitzrechte, ist diese Beschränkung ersichtlich: aus der Pflicht der Lehensneuerung und Mutung beim Herren- und Lehensfalle, in der Lehens-Apertur, den Folgen der Felonie ꝛc.

5. Die Besitzübertragung ist nicht zu verwechseln mit der ***causa*** oder dem Rechtsgrunde, aus welchem das Besitzrecht erworben wird. Ähnlich wie beim absoluten und relativen Eigentumserwerbe justae und injustae causae adquirendi dominii oder adquirendae possessionis neben der bloßen Tradition bestehen, ähnlich, wenn auch materiell verschieden von diesen, existiren neben dem factischen Besitzerwerbe die causae des Erwerbes des dinglichen Besitzrechtes. Diese causae können, verbunden mit dem factischen Besitze und animus zu besitzen, sein: entweder eine persönliche obligatio, z. B. bei Pacht, Miete, Commodat; oder selbst wieder ein dingliches Recht; z. B. beim ususfructus ꝛc.; oder endlich ein sonstiges Recht; z. B. ein Erbrecht oder doch das letztwillige Verfügungsrecht: bei dem Besitzrechte des Testamentsexecutors an dem Nachlasse ꝛc.; endlich ist auch ein Besitzrecht denkbar aus dem Titel der factischen Besitzergreifung allein mit animus zu besitzen, analog dem Satze: eo, quod possidet, plus juris habet, quam qui non possidet oder dem Satze possession vaut titre. Z. B. einer vor mehreren Findern hat ein Besitzrecht dadurch, daß er mit animus, zu besitzen, die Sache innehat; der

Besitzer einer fremden Obligation au porteur dadurch, daß er mit dem gleichen animus die Obligation und ihre Coupons factisch besitzt.

Mit den derartigen principalen causae des Besitzes kann indessen nur ein Besitzrecht verbunden oder tradirt werden; notwendig muß dies aber nicht stets der Fall sein. Beispiele: Ich kann ein Zimmer zum vorübergehenden Anblicke von Festzügen, einen Garten zum Spazierengehen, kurz auf Grund irgend eines persönlichen Vertrages so mieten, daß ich nicht zugleich der Besitzer, d. i. nicht ausschließlich über die Sache dispositionsberechtigt, nicht einmal Inhaber des Schlüssels rc., sondern lediglich persönlich zur Benutzung berechtigt bin; oder ich kann als Mieter umgekehrt zugleich das Besitzrecht, d. i. die volle Disposition und den ausschließlichen Gewahrsam der Sache, selbst mit Ausschluß des Eigentümers wie Dritter, übertragen erhalten. Ähnlich kann auch bei dinglichen Rechten ein Besitzrecht neben der dinglichen causa tradirt werden oder nicht. So wird beispielsweise der Usufructuar regelmäßig zugleich körperlicher Besitzer sein müssen. Nicht aber auch der zum bloßen usus Berechtigte. Der Pfründner z. B., welcher sich in ein Krankenhaus, in ein Hospital mit dinglichem Rechte einkauft, ist aus diesem Grunde allein nicht schon zugleich deutschrechtlicher Besitzer des Gebäudes, des Gartens, welchen er benutzt; den Besitz vielmehr für die betr. juristische Person oder den sonstigen Eigentümer, das Recht beispielsweise, den Schlüssel zu beiden zu führen, übt zumeist der Verwalter aus. Nur da also, wo mit der persönlichen oder dinglichen causa ein Besitz tradirt ist, besteht neben einer causa des Besitzrechts das dingliche Besitzrecht selbst, und so wird der Unterschied der causa des dinglichen Besitzrechts von diesem letzteren selbst, analog dem Unterschiede der causa des Eigentums von dem Eigentume, sichtbar sich zeigen.

Diese causa des Besitzrechtes nun verwechselt u. a. das französische Recht mit dem Besitzrechte an sich, indem dasselbe in art. 2228 cod. civ. die possession als „détention *ou jouissance*" definirt. Das Besitzrecht ist zwar stets eine détention, aber an sich nie eine jouissance, sondern die Nutzung in irgendwelcher Form ist nur die Folge einer bestimmten causa des dinglichen Besitzrechts, welche als principales Recht, sei es als persönliches Recht des Pachtes, der Miete, oder als dingliches Recht des usus und ususfructus, zu dem accessorischen Besitzrechte an sich (Ziffer 7) wie jede sonstige causa hinzutritt. Daß diese jouissance nicht schon zum Wesen des Besitzrechtes gehört, beweist ja u. a. der Umstand, daß noch anderweitige Besitzrechte existiren, ohne daß denselben irgend eine Nutzung zusteht; dies ist der Fall z. B. beim Retentionsrechte, dem Sequester, Verwalter, Depositar. — Der wirkliche Inhalt des Besitzrechts ist ebendeshalb nur die Detention, das Factum, oder was dasselbe: Der wirkliche Gewahrsam oder das Innehaben mit factischer Verfügung, soweit sie über eine fremde Sache denkbar ist: salva rei substantia.

Diese causa des Besitzrechtes dürfte nun (wie es scheint, vielleicht verleitet durch den animus rem *sibi* habendi des Eigentumsbegriffs der possessio) auch noch Bruns[19]) nicht kennen und mit dem eigentlichen Besitzrechte verwechseln, indem er sein Detentionsrecht auf den Besitz im eignen Interesse beschränkt und dem Depositar und Verwalter dieses Recht vollständig abspricht. Allein das „Interesse" des Besitzrechts liegt eben hier schon im Besitze oder der Detention selbst, nicht außer dem Besitze mit einem Seitenblick auf einen andern rechtlichen Endzweck; diese Detention eben ist ein „rechtliches" Interesse für sich, auch wenn es dem Besitzer nichts nützt; ähnlich etwa wie z. B. im Obligationenrechte die factische Besorgung fremder Geschäfte in der negot. gestio rc. ohne eignem Interesse ein rechtliches, selbst klagbares Interesse gewährt. Dieses Interesse, dies Recht und diese Besitzklage des Depositars, precären Besitzers rc. ist aber nur ein „relatives" Interesse und Recht (Ziffer 6); dessen Klage soll das Besitzrecht nur gegen Störungen Dritter, nicht des Eigentümers selbst, schützen; es ist dies immerhin ein Interesse und Recht, welches in einer etwa „concurrirenden" (abgeleiteten) „Eigentumsklage", deren Bruns gedenkt, weder begrifflich noch im factischen Erfolge vollen Ersatz findet; namentlich dann, wenn der Eigentümer bei plötzlichen, momentanen Besitzstörungen zwar nicht außerhalb der Provinz, aber doch abwesend ist; vgl. § 9, Z. 1.

Die Wirkung der causa ist selbstverständlich bei dem Besitzrechte die analoge, wie beim Eigentum mit Tradition. Die causa des Pachtes rc. bewirkt nicht selbst schon das Besitzrecht, sondern der Vertragschließende kann auf deren Grund die Tradition erst beanspruchen. — Für das Verhältniß des Pächters, Mieters rc.

---

19) Vgl. Bruns, Besitzklagen, 1874, S. 237.

wird deshalb der Umstand, daß das Besitzrecht erst mit der Tradition entsteht, consequent beispielsweise die praktische Folge haben, daß derselbe zwar, solange der bisherige Verpächter und Vermieter noch Eigentümer verbleibt, mittels der persönlichen Klage noch immer sich den Besitz verschaffen kann. In dem Momente der Veräußerung des Eigentums durch den bisherigen Eigentümer aber wird der noch nicht in Besitz gelangte Mieter ꝛc. sich diesen Besitz nicht mehr verschaffen können, und es wird ihm alsdann allein die persönliche Klage auf Prästation des Interesse gegen den früheren Eigentümer übrig bleiben (vgl. unten § 11, c und § 12, art. 15).

Auch darin steht diese causa des Besitzrechtes der causa der röm. possessio oder des Eigentums gleich, daß die anfangs unrechtmäßige causa nicht später von dem Besitzer selbst zu einer rechtmäßigen gestaltet werden kann; z. B. es stiehlt jemand den Besitz einer Sache und derelinquirt sie dann, um an ihr als einer herrenlosen mittels justa causa von Neuem das Besitzrecht zu occupiren; d. i. es gilt der Satz: nemo sibi ipse causam mutare potest.

6. Das Vorhandensein von verschiedenen causae des Besitzerwerbes wird uns von selbst zu einer notwendigen Unterscheidung verschiedener **Arten** des Besitzrechtes führen. Ähnlich, wie eine justa causa acquirendi dominii uns absolutes gegen jedermann wirkendes Eigentum erwirbt, eine nicht justa causa aber nur relatives, gegen noch weniger berechtigte Dritte wirksames, ähnlich verhält es sich im Besitzrechte.[20])

I. Ein absolutes, aus einer justa causa des Besitzerwerbes erlangtes Besitzrecht, welches in Folge seiner causa gegen jedermann, selbst den Eigentümer, wirksam ist, ist u. a. das Besitzrecht des Faustpfandgläubigers, Retentionsberechtigten, Pächters, Mieters, Commodatars mit Besitzübertragung, soweit auf Grund eines derartigen Vertrages (causa) das Besitzrecht vom absoluten „Eigentümer" selbst tradirt ist.

II. Ein nur relatives, zwar nicht gegenüber dem Eigentümer und absoluten Besitzer, wohl aber in Bezug (Relation) auf gar nicht oder doch nicht ebensogut berechtigte Dritte wirksames Besitzrecht dagegen ist gleichfalls in verschiedenen Anwendungen denkbar; nämlich als relatives Besitzrecht mit justa causa, als re-

---

[20]) Vgl. unten § 12, art. 12.

latives mit bona fides und als relatives mala fide; wir werden diese Fälle kurz übersehen.

a. Ein derartiges relatives Besitzrecht mit einer *justa causa* z. B. ist das Besitzrecht des Depositars, Verwalters, des precären (widerruflichen) Besitzers überhaupt. Dies Besitzrecht wirkt gegen jeden Dritten, nicht gegen den Eigentümer. Z. B. die Befehle und Dispositionen des Verwalters eines Öconomiegutes sind für jeden Dritten maßgebend, außer für den Eigentümer; und umgekehrt, in dem Momente, in welchem der Eigentümer selbst anordnet und somit selbst den Besitz ausüben will, prävalirt seine Anordnung oder sein Besitz über den des Verwalters; der rechtmäßige Besitz des Verwalters ist somit ein precärer oder widerruflicher wenigstens gegenüber dem Eigentümer, d. i. ein relativer.

b. Neben diesem ist ein relatives Besitzrecht *bonae fidei* mit sog. putativa causa des Besitzerwerbes denkbar. Z. B. beim Finder ohne animus domini; oder ein Pächter pachtet, ohne daß er es weiß, ein Grundstück von einem Nichteigentümer und erhält es von diesem tradirt. An Wirkung steht dieses Besitzrecht dem unter a gleich.

c. Ein relatives Besitzrecht ohne justa causa endlich ist gegeben bei dem Besitzer *mala fide*, welcher nur dadurch, daß er bereits Besitzer oder bei unrechtmäßiger Besitzergreifung vor Ablauf der Klageverjährung älterer Besitzer ist, wenigstens plus juris:[21]) besseres Besitzrecht hat, als derjenige, welcher gar nicht besitzt. Z. B. es occupirt jemand wissentlich einen ihm nicht zustehenden ususfructus an einem fremden Grundstücke, ohne Absicht, das Grundstück selbst zu erwerben (animus domini), lediglich in der Absicht, das Grundstück als fremdes zu besitzen, um es zu nutzen: dieser ist mala fide sowohl quasipossessor juris, d. i. des ususfructus, als mala fide deutschrechtlicher körperlicher Besitzer.

Für diese verschiedenen Arten des Besitzrechtes wird analog den Klagen der röm. possessio auf Grund des gegebenen Gewohnheitsrechtes wie von der Gesetzgebung eine absolute und relative Besitzklage gewährt werden müssen. Über die Stufenfolge dieser Klagen der Besitzer unter sich und gegenüber den verschiedenen Stufen des Eigentumes vgl. unten § 12 B, art. 12—14.

7. Ein nicht minder wichtiges, bisher von mir nur vorüber-

---

[21]) Analog der l. 2 D. ut. poss. 43, 17. Vgl. hierüber § 12, art. 12, IV.

gehend berührtes[22]) Moment der jurist. Construction des Besitzrechtes ist dessen **accessorische** Natur, analog der accessorischen Natur des Pfandrechts, der Hypothek, der obligatio des Bürgen. Dieses Merkmal ist bisher noch nicht beachtet.

Der Besitz nämlich, das bloße Factum oder die Verfügung über die Sache, bietet schon logisch niemals an sich schon und um seiner selbst willen ein ausreichendes juristisches Interesse. Niemand hat ein Vermögens- oder sonstiges vernünftiges wie rechtliches Interesse, über eine fremde Sache zu verfügen, ohne daß von ihm zugleich ein bestimmter anderer rechtlicher Endzweck oder eine causa des Besitzrechtes, z. B. ein Pacht, ein usus, ususfructus, gleichviel ob aneros oder schenkungsweise erworben, eine Retention, Verpfändung ꝛc. beabsichtigt ist, mit welchem das Interesse zu besitzen steht und fällt. Auch gewährt das pos. Recht einem Factum ohne jedem rechtlichen Interesse, einem bloßen Factum als solchen, niemals einen Rechtsschutz. Z. B. ein Wasserleitungsrecht, lediglich um zu chicaniren und das Wasser ohne Sinn und Zweck da und dorthin zu leiten, ohne notwendigem, nützlichem oder Vergnügenszwecke, ist juristisch undenkbar; es fehlt ihm das juristische Interesse u. s. w. Ich habe dies bereits oben, § 4, erwähnt. So gelangen wir notwendig zur Construction eines weiteren Merkmals: das Besitzrecht ist kein selbstständiges, sondern ein accessorisches Recht; es besteht, solange jenes rechtliche Interesse: die causa desselben, besteht; diese causa ist das principale, das bloße Besitzrecht selbst nur das accessorische Recht. Wie demzufolge das accessorische Recht der Hypothek, diese obligatio rei, nur besteht, solange die obligatio principalis existirt, so besteht das Besitzrecht, das Interesse wie das Recht, die fremde Sache körperlich zu besitzen, nur, solange dessen causa, z. B. eine negotiorum gestio für Dritte, ein Pacht, die Miete, Sequestration, ein usus, ususfructus, Lehensverhältniß ꝛc. fortbesteht. — Wird der Besitz trotz des Aufhörens dieser causa fotgesetzt, so entsteht — sei es bona oder mala fide — ein neues, anderes Besitzrecht, für welches nebenbei selbstverständlich der Satz Platz greift: nemo sibi ipse causam mutare potest.

Aus dieser blos accessorischen Natur des Besitzrechtes dürfte sich auch anschaulich ergeben, wie praktisch unmöglich eine allge-

---

[22]) Seitz, zur Kritik der heutigen Negatorienklage, 1873, S. 153—154.

meine Lösung der Frage erschiene, welche die neuere Theorie abstract zu lösen versucht hat: wie ist der Besitz zu schätzen? Der Wert des Besitzes ist ein anderer, je nach der causa, welcher er dient. So hat der Besitz vielleicht für den Depositar gar keinen, für den Faustpfandgläubiger, Usufructuar unter Umständen einen bis zum Kaufpreise der Sache reichenden Wert. Daher würde die Bestimmung der D.C.P.O. von 1877, § 6, den Wert des Besitzes stets nach dem Werte des ganzen Streitgegenstandes zu schätzen, wohl eine sehr unvollkommene sein, wenn man hier nicht annehmen müßte, daß hierunter nicht die Schätzung des deutschen Besitzrechtes, sondern der röm. possessio, welche man bisher als Besitz auffaßte, verstanden werden wollte.

8. In Folge dieser accessorischen Natur des deutschen Besitzrechtes löst sich auch die Frage über den **Verlust** dieses Rechtes mit Leichtigkeit. Wie die accessorische Hypothek oder Bürgschaftsschuld mit der Tilgung oder dem sonstigen Erlöschen der Hauptschuld untergeht, so geht auch mit dem Untergange der causa das Besitzrecht wie die Besitzklage unter: nach dem Satze accessorium sequitur principale. Das Besitzrecht verwandelt sich in einen blos factischen Besitz, und von einer Besitzklage zu Gunsten des Besitzers kann nach diesem Untergange des Besitzrechts nur noch allenfalls insoweit die Rede sein, als noch während der Dauer des früheren Besitzrechtes eine Besitzstörung und dadurch eine Rechts- und Vermögensverletzung eingetreten ist, soweit somit diese Klage sich auf Entschädigung, Prästation des Interesses richtet. Die Fortsetzung des Besitzes begründet in diesem Falle eine neue justa oder injusta causa und ein neues rechtmäßiges oder unrechtmäßiges Besitzrecht.

Insoweit könnte auch die Frage nach der Klagenverjährung der deutschen Besitzklage noch Interesse bieten, welche bei andern deutschrechtlichen Klagen hie und da nicht ohne Schwierigkeit[23]) ist. Es könnte sich auch hier, wie dort, die Frage um die analoge Anwendung der einjährigen Verjährung der Interdicte oder der regelmäßigen dreißigjährigen Klagenverjährung drehen. Da aber auch die Interdicte selbst, soweit es sich de eo, quod ad eum,

---

[23]) Ueber die Verjährung der deutschrechtlichen Schmerzensgeldklage beispielsweise s. meine „Untersuchungen über die heutige Schmerzensgeldklage", Deichert, Erlangen 1860, S. 198—206.

cum quo agitur, pervenit, handelt, erst in 30 Jahren verjähren,[24]) da ferner in der späteren Kaiserzeit für alle analogen Interdicte der possessio auch actiones[25]) zugelassen wurden, welche regelmäßig, soweit sie nicht als Strafklagen auftreten, perpetuae sind, so dürfte die analoge dreißigjährige Verjährung der deutschen Besitzklagen keinem Bedenken unterliegen.

Abgesehen von dem Untergange des accessor. Besitzrechtes mit dem Untergange der principalen causa ist selbstverständlich auch ein selbstständiges Aufhören des accessorischen Besitzrechtes für sich allein denkbar: mit dem Untergange der besessenen Sache wie mit dem Aufgeben des animus, zu besitzen ꝛc. — Wider Willen — ohne Aufgeben dieses animus — dagegen verlieren wir das Besitzrecht nur, wo dessen Klage verjährt ist. Denn das Besitzrecht wird insolange animo retinirt, und es tritt bei dem Besitzrechte wie bei einem jeden dinglichen Rechte eben gleichfalls der Satz ein: qui actionem habet ad rem recuperandam, ipsam rem habere videtur.[26])

Processuale Einheit der heutigen Besitzklage.

§ 10. Ähnlich dem bisherigen deutschen und romanischen Eigentumsstreite ließe sich, wie schon berührt, auch eine Trennung und Zerreißung des heutigen deutschen Besitzstreites in eine Art petitorium und possessorium denken: In dem ersteren würde das Besitzrecht mit justa causa des Besitzes,[1]) in dem letzteren das Besitzrecht, welches lediglich durch Besitzergreifung ohne justa causa erworben ist, verfolgt werden können. — Aber auch hier wird es sich positiv und für den Gesetzgeber empfehlen, an einer Einheit der Besitzklage festzuhalten und die Pflicht des besitzberechtigten Klägers auszusprechen, sowohl seine justa causa, als den subsidiären Titel des factischen Besitzes und soweit möglich selbst verschiedene gleich

---

[24]) l. 4 D. de interdict. 43, 1.

[25]) Daher die Ausdrücke interdicti actio, formula, actio recuperandae possessionis. Vgl. Seitz, zur Kritik der heutigen Negatorienklage ꝛc., 1873, S. 92 ff., Puchta, Pand. § 91, Note *ff*.

[26]) l. 15 D. R. J. 50, 17; vgl. Grünhut's Zeitschr., VI, S. 701, Note 27; vgl. unten § 12, art. 16.

[1]) Oben § 9, Ziff. 5 u. 6 mit § 5, 1, c.

wirksame causae seines Besitzerwerbes dem Richter auf einmal anzugeben. Diesem letzteren ist alsdann auch hier durch den deutschen Civilproceß[2]) mit Grund die Befugniß vorbehalten, die Verhandlungen über die einzelnen Klagegründe je nach Zweckmäßigkeit zu trennen oder zu vereinigen; die Partei selbst und der Anwalt aber kann und wird diese Zweckmäßigkeitsgründe nicht zuvor selbst bemessen; bei diesen spielen wohl zu viele andere Gründe mit.

Bisherige Anwendungen eines wirklichen heutigen Besitzrechtes in der modernen Gesetzgebung.

§ 11. Interessant ist, zu verfolgen, wie im Besitzrechte das heimische Gewohnheitsrecht — abgesehen von der allgemeinen Anwendung des sog. abgeleiteten Besitzes sowie etwa den Possessorien und der Spolienklage — schon bisher entweder bewußt oder greifbar oder völlig unbewußt zum Durchbruche gekommen ist. Bisherige Anerkenntnisse in der neueren Theorie sind bereits oben § 2, b, die Anerkenntnisse der Praxis dagegen sind bereits von Bruns zusammengestellt.[1]) Hier daher nur von derartigen Anerkenntnissen durch die moderne Gesetzgebung.

a) Durch die neueste Reichsgesetzgebung vor Allem hat das heutige Besitzrecht bereits eine bestimmte einzelne Anwendung in dem deutschen Faustpfande des § 14 des Einf.-G. zur d. Conc.-Ord. gefunden.[2]) Hierin ist, wie wir mit Freuden begrüßen dürfen, das deutsche Besitzrecht in einer einzelnen Anwendung bereits zur gesetzlichen Anerkennung gebracht; in diesem Faustpfande nämlich wird keineswegs eine vermeintliche possessio[3]) des pignus

---

[2]) § 136—141 der D.C.P.O. v. 1877.

[1]) Vgl. oben § 2, b, Note 29 u. 45.

[2]) § 14 des Ges. die Einführung der d. Conc.-Ord. v. 10. Februar 1877: „Faustpfandrechte im Sinne des § 40 der Concursordnung bestehen an beweglichen körperlichen Sachen nur, wenn der Pfandgläubiger oder ein Dritter für ihn den Gewahrsam der Sache erlangt und behalten hat." — Vorbilder fanden sich im Preuß. Landr. I, 20, § 104, 105 (271), bayr. Prioritätsordnung von 1822, § 21, d. Handelsges.-B., art. 309, ꝛc.

[3]) Wie schon bemerkt, ist die possessio pignoris eine Uebertragung des röm. Eigentums nach jus gentium oder der possessio, wie in der civilen fiducia zum Zwecke der Verpfändung das civile dominium ex jure Quiritium übertragen wurde; § 3, Z. 2 oben.

übertragen, so daß es gleichgültig wäre, ob eine Besitzübertragung oder ein constitutum possessorium stattgefunden hat; sondern die Übertragung und das Bestehen des factischen Besitzes oder Gewahrsams ist hier ausdrückliche Voraussetzung des Ent- und Bestehens des Rechtes.

Ebenso spricht § 107 der d. Concursordnung dem Concursverwalter einen „Besitz" zu; offenbar nicht eine possessio mit animus „domini", sondern das deutsche Besitzrecht oder die Befugniß, die „fremde" Sache innezuhaben und über sie zu disponiren.[4])

b. Legislative Anerkennung durch deutsche Particulargesetzgebungen hat das heutige Besitzrecht bereits mehrfach gefunden; namentlich im bayr. Landrecht durch den trefflichen Kreitmayr, welcher bekanntlich den Pulsschlag des Rechtslebens unsres Volkes nicht selten warm gefühlt und denselben in das innere Leben des Rechtes verfolgt hat; ferner im preußischen Landrechte, welchem wir ja nicht minder die Rettung so mancher heimischer Rechtsgewohnheiten, im Besitzrechte speciell aus dem Sachsenrechte herübergenommen,[5]) verdanken. — Das bayrische wie das preußische Landrecht erkennen beispielsweise bereits das Retentionsrecht als ein Besitzrecht an.[6]) Die Gerichtsordnung Kreitmayr's von 1753 be-

---

[4]) § 107 der d. Conc.-Ord. v. 10. Febr. 1877: Nach der Eröffnung des Verfahrens hat der Verwalter das gesammte zur Concursmasse gehörige Vermögen sofort in Besitz und Verwaltung zu nehmen, und dasselbe zu verwerten.

[5]) Paul v. Roth, Syst. des d. Privatrechts, 1880, Bd. I, § 1, Note 15.

[6]) Bayr. Landr., II, 5, § 8, Nr. 6; Preuß. Landr., I, 20, § 536, 537. — Mit Unrecht verwirft dieses Besitzrecht wohl aus romanistischen Gründen u. a. Roth, bayr. Civilr., II, § 131, 5, Note 11: einmal, weil es auch dem Inhaber zustehe (ähnlich Randa, Bes. § 6, 2. Aufl., S. 93, 5). Allein das wirkliche Besitzrecht ist ja gerade ausschließlich das Recht, die fremde Sache „innezuhaben", die Roth vorschwebende röm. possessio dagegen ist ein röm. Eigentum. Zweitens weil das Retentionsrecht „nur" als eine Anwendung der exceptio doli erscheine: allein der Retentionsberechtigte hat keineswegs blos das Recht, mittels der Einrede des dolus negativ abzuwehren, sondern er hat auch die positive Berechtigung des heutigen dinglichen Besitzrechtes, über die retinirte Sache insoweit zu verfügen, als seine justa causa der Retention dies erfordert; die Retention erstreckt sich u. a., wenn die Früchte gleichfalls retinirt werden, unzweifelhaft auch auf den Fruchtbezug zum Zwecke der Retention. Der Retentionsberechtigte darf daher unzweifelhaft auch das Grundstück wie ein Verwalter bebauen. Gegen Roth vgl. auch Bruns (oben § 2, b, Note 42).

zeichnet ferner die Besitzklage als eine Klage „auf bloßes Innhaben".[7]) Das preuß. Landrecht ferner wie die mit Gesetzeskraft ausgestatteten Anmerkungen Kreitmayr's zum bayr. Landr. ersehen bei dem Pächter und Mieter ꝛc. ein heutiges Besitzrecht.[8]) Endlich unterscheidet bekanntlich das preuß. Landr.[9]) zwischen vollständigem und unvollständigem Besitze: unter dem letzteren versteht dasselbe wohl dasjenige jus in re aliena, welches sich allein als ein wirkliches deutsches Besitzrecht construiren lassen wird, ohne daß dasselbe sich mit dem Eigentume consolidirt; denn der dort weiter erwähnte vollständige Besitzer ist der, animo domini ausgestattete, absolute oder relative Eigentümer oder possessor, ein Eigentümer mindestens adversus ceteros; der im Landr. I, 7, § 2 dagegen erwähnte Stellvertreter, Dienstbote ꝛc. des Besitzers ist überhaupt kein Besitzer, denn er hat nicht für seine Person das Recht zu besitzen oder innezuhaben, sondern nur als Mittelsorgan des Besitzers. — Ähnlich läßt auch das sächsische Civilgesetzbuch[10]) wie der code civ.[11]) ꝛc. einen Unterschied des Besitzes von der röm. possessio sehr wohl erkennen.

c. Noch ein weiterer charakteristischer Beleg dafür existirt, wie derselbe Drang unsres heimischen Rechtsbewußtseins, welcher die Anerkennung eines Besitzrechtes erfordert, im deutschen Partikularrechte wenigstens unbewußt eine weitere Rechtsbestimmung hervorrief, welche, juristisch richtig qualificirt, gleichfalls nicht anders, denn: als eine vereinzelte Anerkennung unsres heimischen dinglichen Besitzrechts zu bestimmen sein wird, — so sehr uns auch die bisherigen Particulargesetzgebungen dieselbe mißverständlich noch unter dem äußerlichen Gewande einer „persönlichen Obligation" vorgeführt. — Dies ist der Fall in den Veränderungen, welche diese deutschen Particulargesetzgebungen bisher schon an dem romanistischen Rechtssatze vorgenommen: Kauf bricht Miete. —

---

7) Bayr. Ger.-Ord. 1753, cap. III, § 4 pr.: „Die Klag gehet entweder auf das Recht und Eigentum der strittigen Sach selbst oder nur auf bloßes Innhaben derselben".

8) Preuß. Landr., I, 21, § 2 u. 258; Kreitmayr's Anm. zum bayr. Landr., Anm. 2, e zu II, 5, 2; Anm. 3, b zu bayr. Landr. IV, 6, 21 (allegirt von Roth, bayr. Landr., § 130, Note 51 mit 34).

9) Pr. Landr., I, 7, § 6 u. 7, vgl. § 146, 169, 170.

10) Bruns, Besitzkl., 1874, § 21, S. 227.

11) Art. 2228 cod. civ.; vgl. oben § 1, Note 11 mit § 4 und § 7, b.

Das römische Recht nämlich kennt bekanntlich überhaupt ein dingl. Besitzrecht und damit auch einen Besitzesschutz des Mieters an der Sache nicht; letzterer vielmehr findet seinen Schutz nur durch die persönliche obligatio des Vermieters aus dem Mietvertrage; daher hat der Mieter, Pächter, wenn der vermietende Eigentümer das Haus 2c. verkauft, im röm. Rechte kein Rechtsmittel, um sich im Besitze der Sache ungestört zu erhalten; ihm verbleibt nur seine persönliche Klage auf Entschädigung gegen den vertragsbrüchigen Vermieter; dieser selbst aber, wenn er auch an der Sache kraft eines dinglich heute notwendig wirksamen Vertrags, etwa unter gleichzeitiger öffentlicher Beurkundung, Eintrag in öff. Bücher 2c., Besitz tradirt hat, braucht nichtsdestoweniger nach röm. Rechtsbegriffen, wenn es ihn einfällt, dieses an der Sache eingeräumte und veräußerte bisher sogen. Detentions-Recht nicht zu beachten; er kann nichtsdestoweniger dies von ihm veräußerte Besitzrecht durch Weiterverkauf 2c. wieder entziehen, den Mieter einfach an die Luft setzen, den Pächter auf dem Lande vertreiben: weil einfach das röm. Recht diesen dinglichen Besitz noch nicht schützt.

Richtig besehen muß aber schon das rechtsverbindlich, d. i. nach den nämlichen Vorschriften, nach welchen sonst dingliche Rechte und das ganze Eigentum übertragen werden können, gewährte Teilrecht des Eigentumes: das dingliche Recht, die Sache eine Zeit lang zu besitzen, auch klagsweise und gegenüber jedem Dritten verfolgbar erachtet werden; schon nach einfach logischer Consequenz wird dieses wohlerworbene Recht in seiner Anwendungssphäre die ganz gleiche Berechtigung erfordern, wie jedes andere Recht an einer fremden Sache.[12])

Auf diese Weise ist ohne Zweifel der Umstand, daß deutsche Particulargesetzgebungen[13]) schon bisher den Satz „Kauf bricht

[12]) Vgl. § 9 Ziff. 1.

[13]) Im preuß. Landr. I, 21, § 350 ff., §. 358; ferner im bayr. Gesetze § 21 des Landtagsabschiedes vom 18. Februar 1871: Gelangt die vermietete Liegenschaft aus besonderem Rechtsgrunde in das Eigentum eines Dritten, so geht der von dem früheren Besitzer abgeschlossene Mietvertrag (!) auf den neuen Erwerber über. Sowohl der neue Erwerber, als auch der Mieter ist in diesem Falle berechtigt, den Vertrag noch vor Ablauf der festgesetzten Mietzeit aufzukündigen, hat jedoch hiebei die ortsübliche Aufkündigungszeit zu beobachten 2c. Aehnlich Lübecker, Nürnberger und sonstige Particularrechte; vgl. Gerber, deutsches Privatrecht, § 180 Note 3.

Miete" einschränken, und so im Erfolge den Mieter in dem Besitze der Sache, d. i. dinglich, noch eine Zeit lang schützen, in der That eine, wenn auch unbewußte Consequenz der heimischen Rechtsanschauung, daß der auf den Titel der Miete gleichzeitig eingeräumte Besitz ein Recht an der fremden Sache oder ein dingliches Recht gewähre. Dieser Schutz ist ebendeshalb in seinem Grunde nicht, wie dies unsre bisherigen Gesetzgebungen unjuristisch auffassen, ein persönliches Recht; nicht etwa wie z. B. das preußische Landrecht[13a]) besagt, eine Consequenz aus den (persönlichen) „Rechten des Mieters oder Pächters", welche nicht „zu ändern" seien; nicht, wie das bayr. Gesetz wohl ebenso wenig juristisch bemerkt, ein Übergang des „Mietvertrages" von dem Verkäufer auf den neuen Käufer! Denn der neue Käufer hat niemals mit dem Mieter contrahirt, und eine persönliche Vertragsobligation kann ja auf den, welcher sich weder selbst verpflichtet hat, noch ein Successor des Verpflichteten ist, unmöglich juristisch übergehen. Der gewährte Schutz ist also, juristisch richtiger erfaßt, wohl einzig eine Wirkung und ein unbewußtes Anerkenntniß unsres gewohnheitsrechtlichen dinglichen Besitzrechtes, und ist aus diesem dinglichen Besitzrechte heraus allein juristisch construirbar.

Zu einer richtigeren Lösung des bezüglichen Rechtsverhältnisses dürften wir ebendeshalb wohl auf folgendem Wege gelangen. Vom reinen Rechtsstandpunkte aus, wenn wir lediglich die Consequenz des Rechtes ins Auge fassen, ist sogar die vollständige Verwerfung des Satzes: Kauf bricht Miete, heutzutage gerechtfertigt, — dem bisherigen Eigentümer gegenüber, soweit dem Mieter durch Besitzübertragung nach heutigem Rechte wirklich ein dingliches Recht an der Sache übertragen ist; ebenso gegenüber dem folgenden Erwerber, soweit etwa eine bewußte (dolose) oder culpose Besitzentziehung oder eine Theilnahme an dem dolus des bisherigen Eigentümers, den veräußerten Besitz wieder zu entziehen, vorliegt. — Davon unabhängig entsteht aber dann immer noch die weitere, rechtspolitische Frage: ist nichtsdestoweniger etwa aus äußeren, rechtspolizeilichen Gründen Veranlassung gegeben, von diesem abstracten Rechtsstandpunkte abzusehen und dem Eigentume als dem wichtigeren Rechte eine, wenn auch das Recht des Besitzers störende, Begünstigung dahin zu gewähren, daß das, vom Eigen-

---

[13a]) Pr. Landr I, 21, § 358.

tümer zuvor eingeräumte Besitzrecht entweder gar nicht oder doch nur eine angemessene kürzere Zeit lang geschützt werde? Dieser letzteren rechtspolitischen Frage eben haben unsre hervorragenderen Particularrechte bisher mehr oder weniger ohne Ausscheidung des accessorischen Besitzrechts oder persönlich begründeten Verhältnisses und ohne Rücksicht auf dolus oder culpa Rechnung getragen. — Soweit sie aber dessenungeachtet noch immer dem Mieter über das persönliche Vertragsrecht hinaus Rechtsschutz gewähren, ist dies wenigstens im Erfolge bereits eine Anerkennung eines Rechtes an der Sache, kein persönliches R.; nichts anderes, als die Anerkennung einer Consequenz des dinglichen, deutschen Besitzrechtes. — Eine Lösung der Frage, wie diesem dinglichen Besitzrechte schon aus inneren Gründen richtigerweise Rechnung zu tragen sein dürfte, habe ich deßhalb unten § 12 Art. 15 versucht.

d. Eine sehr beachtenswerte Anerkennung endlich hat das deutsche Besitzrecht auch selbst schon in dem bisherigen Reichsstrafrechte gefunden; dies letztere ist im Ausbaue des Besitzschutzes dem deutschen Civilrechte weit vorangeeilt. Der bloße „Besitzer": das „befriedete Besitztum", die „Wohnung" wird dort — sowohl Dritten als selbst dem „Eigentümer" gegenüber — gegen Störungen im Besitze der Sache nach den Bestimmungen des Strafgesetzbuchs[14]) über Hausfriedensbruch geschützt.[15]) In gleicher Weise findet der Besitz oder Gewahrsam gegen Unterschlagung[16]) und gegen Diebstahl[17]) Schutz.[18]) Namentlich für das Kriterium, ob Diebstahl nach § 242 oder Unterschlagung nach

---

[14]) § 123 R. St. G. B. Wer in die Wohnung, in die Geschäftsräume oder in das befriedete Besitztum eines Andern — — — widerrechtlich eindringt oder wer, wenn er ohne Befugniß darin verweilt, auf die Aufforderung des Berechtigten sich nicht entfernt, wird wegen Hausfriedensbruches — bestraft.

[15]) Vgl. Stenglein, Zeitschr. für Gerichtspraxis und Rechtswissensch. Neue Folge, Bd. IV, 1875, S. 114, 282; Bd. II, 1873, S. 84, 155, 228; Bd. I, 1872, S. 171, 343, 344; Bd. VI, 1877, S. 198, 200.

[16]) § 246 R. St. G. B.: Wer eine fremde bewegliche Sache, die er in Besitz oder Gewahrsam hat, sich rechtswidrig zueignet, wird wegen Unterschlagung mit Gef. bis zu drei Jahren — — bestraft. — Vgl. Schütze, Lehrb. des d. Strafr. auf Grund des R. St. G. B., § 91, Z. 2, a. mit Note 5.

[17]) § 242 R. St. G. B. —

[18]) Auch einzelne Besitzfälle werden geschützt, z. B. das Retentionsrecht, § 289 R. St. G. B. Stenglein's Zeitschr., n. F., Bd. VIII, S. 271, für welches freilich schon im röm. Rechte Schutz gegeben war, l. 59, D. de furt. 47, 2.

§ 246 St. G. B. vorliegt, verspricht das heutige deutsche Besitzrecht eine wirkliche Präjudicialfrage zu werden. In dieser Anwendung nämlich hat die bisherige Strafrechtspraxis bereits eine reiche Casuistik entwickelt,[19]) auf welche der bisher herrschende gemeinrechtliche Besitzbegriff (mit animus domini) mit Grund schon bisher nicht angewendet wurde.[20]) Wohl dürfte hier künftighin das deutsche Besitzrecht, nicht der blos factische Besitz, die Präjudicialfrage bilden, ob der Angeschuldigte wenigstens das Innehaben mit Recht erworben hat (Unterschlagung), oder ob er auch dies Innehaben rechtswidrig sich angeeignet hat (Diebstahl). — —

Ein merkwürdiger Gang unsrer Rechtsentwicklung! Wenn selbst das moderne Strafrecht schon unsrem deutschrechtlichen Besitze seinen intensiven Rechtsschutz generell gewährt, so ist doch wohl ersichtlich, wieweit das deutsche Civilrecht, welches freilich bisher von einer fortbildenden Civilgesetzgebung nicht gepflegt und von der bisherigen älteren historischen Schule in seiner Fortbildung gegenüber den thatsächlichen Bedürfnissen der Gegenwart hintangehalten wurde, in seiner Entwicklung zurückgeblieben sein mußte. Das positive Recht sollte, sobald es einmal die schwerere Repression des Strafrechts zu Gunsten eines Civilrechtsinstitutes generell zuläßt, doch sicher vor allem und zunächst die einfache und leichtere Repression des Unrechtes auf dem Civilwege sowie zugleich die Verfolgung des Vermögensschadens, welcher Folge der Besitzesverletzung ist, generell ermöglichen, nicht blos in den sporadischen Besitzfällen des bisherigen sog. abgeleiteten Besitzes!

---

[19]) Oppenhof, Comm. zum St. G. B., § 242, Note 16 u. ff., sowie die Noten zu § 246. Vgl. oben § 9, Note 10 a. rc.

[20]) Oppenhof, Comm. zum St. G. B., § 242, Note 16.

C. Darstellung des Verhältnisses des heutigen absoluten und relativen Eigentums zum deutschen Besitzrecht in der Fassung eines Gesetzentwurfes.

§ 12. Bereits Bruns[1]) proponirt einen Gesetzestext für das Besitzrecht. Dieser gibt indessen noch mehr oder weniger die Consequenzen der bisher herrschenden Besitzlehre[2]) und deren Vermischung des römischen Eigentumsbegriffes der possessio mit dem deutschen Besitze wieder; insbesondere deren Festhalten an einem animus domini innerhalb des Besitzrechtes,[3]) sowie an dem Schutze eines vermeintlichen Factum[4]) 2c. Es dürften daher neuerliche Studien über die Fassung des heutigen Besitzrechts in der kommenden Gesetzgebung noch immer berechtigt sein. — Hier soll nun wenigstens versucht werden, das „wechselseitige positive Verhältniß" des heutigen absoluten und relativen Eigentumes, welches dem richtiger erfaßten römischen Rechte entstammt, sowie des aus dem heimischen Gewohnheitsrechte zu construirenden positiven heutigen Besitzrechtes in der bündigeren Fassung eines Gesetzestextes zusammenzufassen. — Damit dürfte sich vielleicht eine oder die andere ewige Wahrheit aus der Natur des Rechts schon jetzt von selbst feststellen, welche Bestand haben wird, solange Eigentum und Besitzrecht in innerer Begriffsvollendung bestehen, und welcher daher keine kommende Gesetzgebung Eintrag thun wird. Während andere Bestandteile immerhin gleich einem flüchtigen Dämmerblicke des bis-

---

1) Bruns, Recht des Bes., 1848, S. 501—507.

2) Oben §§ 3—5.

3) Bruns, l. c. S. 505, Art. 3: „mit dem Willen, wie ein Eigentümer darüber zu verfügen."

4) Bruns, l. c. Art. 1 und 6.

herigen Erringens von unserer Jurisprudenz vielleicht erst mehr und mehr ihrem Ausbau, ihrer Klarheit zugeführt werden können, und wieder andere Bestandteile endlich, äußere Formen und Zuthaten, nach dem jeweiligen Stande des wechselden Bedürfnisses fortwährender Änderung unterliegen mögen.

Damit soll somit in keiner Weise gesagt sein, daß dieses positive Ergebniß eines wirklichen, heutigen gemeinen Rechtes, wenn es auch vielleicht an sich schon einen Fortschritt gegenüber der bisher herrschenden Besitz- und Eigentumstheorie ausweisen dürfte, nicht denn doch noch weiterer legislativer Vervollkommnung fähig sein sollte. Der vorliegende Gesetzestext soll vielmehr so nur gewissermaßen den positiven Untergrund bieten, auf welchem zwar der, mit dem positiv gegebenen Rechte rechnende, Gesetzgeber sein Recht aufzubauen haben wird, auf welchen aber nichtsdestoweniger eine in der Kunst der Gesetzgebung geübte Hand vielleicht noch immer mit Vorteil Lichter und Schlagschatten aufzutragen vermag, mittels welcher das schärfer beobachtende Auge teils das wirkliche heutige Rechtsleben getreuer und besser spiegeln, teils dem heutigen Bedürfnisse mehr Rechnung tragen kann.

Im Einzelnen schien es mir vor allem eine materielle Überschreitung einer positiven Darstellung nicht zu sein, wenn ich beispielsweise aus bereits früher angegebenen Gründen[5]) in Art. 6 und 18 die Einheit der absoluten und relativen Eigentumsklage wie der Besitzklage schon jetzt als positiv zulässig erachte. — Dagegen habe ich mir gestattet, wenigstens zwischen Klammern [ ] zugleich selbst einige legislative Veränderungen vorzuschlagen. — So z. B. möchte ich vor allem, abgesehen vom originären Eigentumserwerbe, welcher nie ohne factischen Besitzerwerb vor sich gehen kann, versuchen, das Eigentum mehr und mehr vom Besitze unabhängig zu gestalten, welche beide sich lediglich zwecklos stören, und dabei zugleich jene, der Perfection des Eigentumsübergangs bestimmter, als die bisherige röm. Tradition, Ausdruck verleihende Form in Art. 3 empfehlen,[6]) durch welche schon bisher beim Eigentumsübergange teils notwendige, teils wenigstens vorkommende

---

[5]) Oben § 8, lit. a. und b. und § 10.

[6]) Vgl. oben § 7 Note 13 und mein dort allegirtes Juristentagsgutachten in den Verhandlungen des 14. deutschen Juristentages, 1878, Bd. I, Heft 2, S. 56—72, sowie meine Anregung in der Tagespresse, Neue Frankfurter Presse von 1879, Nr. 157—159, 162, 166, 2. Blatt vom 11. Juni 1879 u. ff.

Akte, z. B. die Zahlung des Kaufpreises ꝛc., zugleich zu entscheidenden „Formen“, d. i. zu Erkenntnißmitteln der Perfection des Eigentumsüberganges erhoben würden. — Diese vollständige Lostrennung des Eigentums von der Voraussetzung des Besitzes, welche sowohl die Lostrennung des Eigentumserwerbes von dem Erwerbe eines Besitzes als die Einführung einer besseren Erwerbsform gestattet, möchte ich aus dem praktischen Grunde in Vorschlag bringen, weil wohl kein anderer Weg in gleicher Weise praktisch entsprechen dürfte. Wir wollen dieser Frage hier noch etwas näher treten.

a. Die römische Tradition ist, wie schon oben zu § 9 Z. 3 gezeigt, an sich keineswegs notwendig eine Besitzübertragung und nützt deshalb nicht mehr, als der einfache klare Vertrag, so daß das röm. Recht kaum als Autorität dafür angeführt werden kann, daß der Eigentumserwerb bei uns eines „Besitzerwerbes“ bedarf. Die röm. traditio vielmehr ist nur ein Surrogat für den unklagbaren Vertrag nach jus gentium: die Gewährung eines bloßen röm. „corpus“ oder eine Verkörperung des Willens oder die „Thatsache“ der Willenserklärung, so daß diese römische traditio nach Umständen schon in dem sog. constitutum possessorium, ferner in einem bloßen „Vertrage“ (consensus), sowie auch noch in andern Fällen vorlag, in welchen ein Besitz niemals erworben wurde; z. B. in der traditio longa manu, beim Erwerbe durch bloße Überlassung der vacua possessio[7]) ꝛc. — Hieraus ergibt sich somit, daß schon die röm. traditio keineswegs notwendig eine Besitzübertragung enthielt; abgesehen hiervon gibt es aber im röm. Rechte noch eine Reihe von Fällen, in welchen die Römer selbst zum Erwerbe der *possessio* und des sonstigen Eigentums auch nicht einmal diese ihre *traditio* erforderten! Beispielsweise wohl bei der societas omnium bonorum, bei den Peculien, vielleicht bei der promissio und dictio dotis ꝛc., soferne dabei sofortige Eigentumsüberlassung einer bestimmten Sache stipulirt war; bestimmter bei der Übertragung der possessio durch judex und praetor; endlich völlig unzweifelhaft in allen Fällen, in welchen die possessio durch Erwerbarten des jus civile (ipso jure civili) erworben wurde; wie beispielsweise bei dem Erwerbe durch civile hereditas, durch Legat, Schenkung nach der civilen lex Cincia,

---

[7]) Vgl. oben § 9, Ziff. 3 mit Note 16, 17 das.

mortis causa donatio ꝛc.;[8]) denn die traditio gehörte dem jus gentium an, griff also bei dem Erwerbe nach jus civile niemals Platz.[9]) Auch selbst eine „Klage" aus der „erworbenen" possessio existirt ferner, bei welcher eine traditio noch nicht eingetreten sein konnte, und welche also beweist, daß das Eigentum der possessio und damit alles Eigentum in Rom auch ohne Besitz erworben werden konnte; nämlich die Klage aus der possessio, in welcher erst auf Übertragung des factischen Besitzes geklagt werden mußte: das interdictum adipiscendae possessionis. Ja man übersah, daß in einer Reihe von Fällen der Natur der Sache nach jede Besitzübertragung und Tradition durch den autor weder je möglich gewesen noch auch künftig möglich und einführbar wäre, und ich warne daher vor der Zuversicht, als ob wir künftighin eine Besitzübertragung als generelle Voraussetzung der Eigentumsübertragung in das deutsche Civilgesetzbuch einführen könnten. So würde bei allen letztwilligen Verfügungen durch Erbschaft, Legat ꝛc. niemals Eigentum erworben werden können, wenn die Besitzübertragung des Berechtigten Voraussetzung des Eigentumsüberganges sein sollte; denn welcher Berechtigte „existirte" nach röm. Rechte, welcher eben da auch nur den Besitz tradiren könnte: etwa der todte Erblasser?!

b. Auch das ältere deutsche Recht[9a]) dürfte auf etwas verändertem Wege zu ähnlichem Resultate gelangen, wie das römische. Auch dieses ersah unter dem Begriffe der Tradition noch keines-

---

[8]) Vgl. meine Abhandlung „Antike und gegenwärtige Bedeutung der röm. possessio" in Grünhut's Zeitschr., Bd. VI, S. 581—582 mit Note 18 daselbst; ferner oben § 9 Note 18. Bezüglich der societas omnium bonorum vgl. insbes. Puchta, Cursus der Just. II, § 241 Note c.; bezüglich der adjudicatio Seuffert, Pand., § 359 Note 7; wegen des missus in possessionem Puchta, Pand., § 153. Wegen der übrigen Fälle vgl. die Note 18 in Grünhut's Zeitschrift l. c.; besonders l. 1, § 2 mit l. 2 und l. 3 p. D. de Public. 6, 2; § 2 J. de donat. 2, 7. — Als ein Fall, daß jemand Vermögensbestandteile, welche nur in bonis oder im Vermögen noch jus gentium waren, durch civile Acte veräußert, ward von Justinian beispielsweise bezeichnet: si quis possessiones suas legasset etc.

[9]) Verschieden hievon ist die Frage, ob mittels Erwerbarten des jus gentium nicht dennoch geschichtlich civiles Eigentum erworben werden konnte. Wenn dies der Fall war, so wurde hiedurch dessenungeachtet der Erwerbact kein civiler (z. B. bei res nec mancipi).

[9a]) Vgl. oben § 9 Note 14.

wegs die jetzt herrschende Mißdeutung der röm. traditio als Besitzübertragung, sondern den Vertrag: die sala, Auflassung, neben welcher erst die vestitio als körperliche Übergabe der Sache eintrat. Diese traditio wurde in der älteren traditio per festucam, per herbam et terram ꝛc. bis auf Kreitmayr's Span- und Wasenschnitt herab zur symbolischen Tradition, — somit zu einer Eigentumsüberlassung, welche eine wirkliche Besitzübertragung gleichfalls nicht erforderte; denn das Symbol des Besitzes ist eben gleichfalls kein Besitz; und verfeinerte sich schließlich in die von den Romanisten bekämpfte gemeinrechtliche Theorie des titulus und *modus* acquirendi, welche die herrschende Besitztheorie beseitigte, ohne etwas Richtigeres an deren Stelle zu setzen. Der Sinn dieses modus acquirendi ist wohl gleichfalls, den Eigentumsübergang überhaupt an eine sicher erkennbare äußere Form zu knüpfen, welche zeigt: jetzt ist das Eigentum übergegangen: sie erklärt gewissermaßen die Eigentumsübertragung als die Thatfrage, ob die Absicht der Contrahenten, sofort das Eigentum zu veräußern, zu einem genügenden Ausdruck gekommen sei, eine Thatfrage, bezüglich deren den Erwerber die Beweislast trifft. Diese germanische Anschauung dürfte so in der That der bloßen römischen Willensverkörperung in dem corpus der römischen traditio näher kommen, als die heutige Auffassung der Tradition als Besitzübertragung.

c. Erst die Mißdeutung, die römische Eigentumsart possessio überhaupt sei ein Besitz, und die notwendig hiemit Hand in Hand gehende weitere Mißdeutung, die röm. traditio, welche diesen vermeintlichen Besitz übertrage, müsse daher gleichfalls eine Besitzübertragung sein, schuf allmälich die heutzutage herrschende Anschauung, das Eigentum werde in Rom und bei uns derivativ durch Übertragung des factischen Besitzes erworben. Diese Anschauung wurde erst in solch' extremer Weise möglich, seitdem Savigny sich der Täuschung überließ, es sei ein „factischer Besitz" alieno nomine, durch Stellvertreter, ebenso möglich, wie die Ausübung des Eigentums der röm. possessio durch Stellvertreter zuläßig ist, und seitdem so auch das sog. constitutum possessorium und alle Eigentumsübertragungen ohne Besitz des Erwerbers als Besitzzustände gedacht wurden (vgl. oben § 9 Ziff. 3).

Müßte man nun de lege ferenda zwischen diesen geschichtlich gegebenen Arten der Eigentumsübertragung auswählen, so wäre zwar ohne Zweifel in der Idee, wenn ausführbar, eine sofortige

Übertragung des wirklichen, factischen Besitzes im deutschen Sinne (unter c.), wie beim deutschen Faustpfande etwa, welche ein Antrag Drechsler=Dernburg in den Verhandlungen des 14. d. Juristentages[9b]) in der That wollte, die sicherste und beste Form einer Eigentumsübertragung. Allein praktisch ausführbar dürfte dieselbe, abgesehen von einzelnen Arten des Kleinverkehrs und der Veräußerung nicht voluminöser Gegenstände, welche der Erwerber stets selbst gleich mit sich nehmen kann, aus mehrfachen Gründen, auch abgesehen von der Unausführbarkeit bei letztwilligen Zuwendungen rc., kaum jemals sein. Man denke sich den beurkundenden Notar, welcher bei einem entfernt liegenden Grundstücke rc. beurkunden soll, wie es durch Besitzübertragung in das Eigentum des Erwerbers übergegangen; den Kaufmann, den Reisenden, der bei Verkäufen seine Waarenvorräthe nicht wie ein Hausirer mit sich führt; den Holzhändler, der 1000 mächtige Eichenstämme auf fremdem Boden ersteigert, den Weinhändler, der auf einer Weinauction große Stückfässer voll Weines, den Großhändler, der am Meeresstrande eine ganze Schiffsladung ersteht rc. Würden diese bei dem Erfordernisse einer deutschen Besitzübertragung oder eines sofortigen Gewahrsams im Sinne des deutschen Faustpfandes je sofort Eigentum erwerben bez. übertragen können? Der ganze Handel zwischen Entfernten erschiene so geradezu unsicher und gefährdet. Das Mobiliarvermögen ferner, dessen Wert und Rentirlichkeit zum Teile gerade auf seiner Beweglichkeit beruht, würde gewissermaßen entmobilisirt, wenn dem Besitze der Erfolg der Eigentumsübertragung wie des Eigentumsbeweises so vorwiegend zukäme; niemand würde mehr ohne Beunruhigung deponiren, verleihen, vermieten können. Endlich ständen auch die sonstigen Gründe entgegen, welche ausnahmslos jeder Tradition entgegenstehen; die Hemmung des Verkehrs, die Unbekanntheit des Erfordernisses beim Volke rc., welche wir unten näher ersehen werden.

Was dagegen die bloße römische wie germanische Tradition unter a. und b. anbelangt, so dürfte diese an Klarheit und Sicherheit um nichts mehr Wert bieten, als der von aller Belästigung freie, ausdrückliche und allein klare Vertrag, und wird anderseits der Vertrag, wenn er bestimmt auf die Eigentumsübertragung einer bestimmten Sache gerichtet ist, wohl zumeist auch die Vor-

---

[9b]) Verhandlungen des 14. d. Juristentages, 1879, Bd. II, S. 44 ff.

bedingungen der römischen wie der älteren deutschen Tradition in sich schließen. Der Vertrag schon klärt vor allem das Rechtsgeschäft allein vollständig auf. Auch der Vertrag desjenigen beispielsweise, welcher ungemessene Gegenstände erwirbt, wird erst dann durch Consens perfect, wenn die Sache vollständig bestimmt, zugemessen, zugewogen ist, steht also an Bestimmtheit der Tradition des Besitzes um nichts nach, während im Vergleiche mit ihm selbst die reelle Besitzübertragung noch oftmals unklar verbleibt. Was soll es beispielsweise bedeuten, wenn ich Jemanden ohne Vertrag etwa an einem Goldstücke selbst momentan den factischen Besitz überlasse? Soll es ihm blos vorgezeigt, geliehen, geschenkt sein; oder soll er den Auftrag haben, es jemandem zu überbringen? Anderseits ist zumeist die Sicherheit keine größere, als beim Vertrage allein. Was nützt es dem Käufer, wenn ich ihm ein Pferd, ein Haus, Lebensmittel 2c. nach römischer Art tradire, d. h. vorzeige, welche er trotzdem nicht sogleich mitnehmen kann, und welche ihm in der Zwischenzeit ebenso gut abhanden kommen, beschädigt werden 2c. Auch der bloße Vertragserwerber wird die Sachen in Sicherheit zu bringen suchen, wenn er kann; kann er dies aber nicht, dann nützt ihm auch die römische Tradition nicht zu seiner Sicherheit. Hiezu kommen überdies noch alle Chicanen und Weitläufigkeiten, welche in dem Erfordernisse einer nochmaligen Tradition nach dem Kaufe und nach Zahlung des Kaufpreises unter entfernt Wohnenden 2c. liegen.

Wenn nun aber die factische, reelle Besitzübertragung nicht regelmäßig ausführbar, jede andere Tradition aber weder mehr Bestimmtheit noch mehr Sicherheit, wohl aber möglicherweise weit mehr Belästigung bietet, als der allein klare, eine ernstliche, sofortige Eigentumsüberlassung zugestehende Vertrag, so würde es praktisch wohl verständlicher sein, auf jedes Erforderniß einer Tradition als auf ein Auskunftsmittel von zweifelhaftem Wert ganz zu verzichten und sich mit dem Vertrage allein zu begnügen, vorausgesetzt, daß der Vertrag ein dinglicher, d. i. auf sofortige Eigentumsüberlassung gerichteter ist, und nicht blos eine persönliche Verpflichtung zur Herausgabe enthält. Die Übergabe ist und sei in der Regel eines der „Beweismittel" des Eigentumsüberganges: neben Handschlag, Schriftlichkeit, öffentlicher Beurkundung, neben Zeugenbeweis 2c.; nicht die allein entscheidende Art des Eigentumsüberganges. —

Daneben sind dann aber immerhin Formen des Eigentumsüberganges neben dem oft nur stillschweigenden Vertrage im täglichen Leben, im Handel und Wandel, wünschenswert, aus welchen sich die Absicht der Eigentumsüberlassung bestimmt erkennen läßt. Sollen solche Rechtsformen zum Gesetz erhoben werden, dann müssen sie sofort ausführbar (nicht beispielsweise bei Beurkundung einer Tradition vor Notar oder Gericht von Reisen an den Ort des Grundstücks ꝛc. abhängig), ferner allgemein verständlich sein, so daß der Rechtsunkundige, welcher erwirbt, wie jeder Dritte, sofort weiß: jetzt ist das Eigentum übergegangen; und endlich die Thatsache, daß sie notwendig sind, muß dem Volke so bekannt, ja dies Bewußtsein muß demselben so angeboren sein, daß dasselbe diese Formen niemals unterlassen wird; denn: werden sie in Folge von Unbekanntsein, Vergessens oder der Schwierigkeit der Ausführung regelmäßig oder voraussichtlich häufig unterlassen, wie eben beispielsweise die Tradition, dann bringen sie mehr Schaden als Nutzen: es wird hiedurch „regelmäßig" der ganze Vermögenserwerb des einzelnen Volkes unsicher und Streitigkeiten, Processe zehren an dessen Reingewinn. Solche Rechtsformen waren etwa beim röm. Volke hergebracht und allgemein bekannt: in der traditio des jus gentium, der Mancipation des jus civile, in der Stipulation beim Vertrage ꝛc. Bei uns ist keine einzige derartige Form allgemein bekannt und in Übung; höchstens noch bei einzelnen Handelszweigen, wie etwa auf Viehmärkten der Handschlag ꝛc., nicht aber allgemein finden sich solche Formen. — Nichtsdestoweniger sind bei uns solche Rechtsformen, wie wir sofort sehen werden, erreichbar. —

Die besten derartigen Formen sind unzweifelhaft diejenigen, welche in der Natur des Rechtsgeschäfts als ein essentiale negotii ohnehin von selbst begründet erscheinen. Diese können nie außer Acht gelassen oder vergessen werden, weil ohne dieselben schon bisher der Eigentumsübergang nichtig erschiene. Werden diese zu Rechtsformen erhoben, so erreichen wir somit hiedurch den doppelten Vorteil: der Sicherheit und der Gewißheit des Rechtsgeschäfts, ohne doch durch dieselben den Verkehr im mindesten zu stören. Als solche essentielle „Formen" möchte sich nun vor allem bei dem Kaufe: die Zahlung des Kaufpreises, bei der Bestellung einer dos: der Vollzug der Ehe, welch beides bisher schon das röm. R. als Voraussetzung des Eigentumsüberganges festsetzte, (die Creditirung des Kaufpreises nur etwa da, wo ausdrücklich bestimmt wird, daß trotzdem das Eigentum sofort übergehen solle), ähnlich etwa bei dem Tausche die Darangabe des Tauschobjectes, — kurz principiell bei zweiseitigen Rechtsgeschäften die Gegenleistung, bei einseitigen etwa der Eintritt der Voraussetzung, unter welcher sie entstehen — empfehlen. — — Solche ohnehin essentielle Erfordernisse des Eigentumsüberganges, wie die Zahlung des Kaufschillings, können ihrer ohnehin eintretenden Notwendigkeit halber keinesfalls jemals „übersehen“ werden; sie belästigen ferner wegen eben dieser Unumgänglichkeit den Verkehr in keiner Weise, und endlich kann auf diesem Wege allein der wirkliche Übergang des Eigentums verhältnißmäßig am leichtesten in Processen 2c. ohne besondere Belästigung bewiesen werden; weit leichter, als bei dem äußeren Erfordernisse einer Tradition; denn bei einer Zahlung des Kaufschillings, Darangabe an Zahlungsstatt 2c. wird sich jeder Contrahent regelmäßig ohnehin um Beweismittel, um eine Quittung, Zeugen 2c. umthun, nicht aber bei dem, dem rechtsunkundigen Laien unbekannten, und deshalb gleichgültig erscheinenden Erfordernisse einer Tradition. — Steht ferner, durch die ohnehin notwendige Zahlung des Kaufpreises 2c. schon, der Eintritt des Eigentumsüberganges fest, so ist es zweck- und bedeutungslos, neben dieser einen, den Eigentumsübergang bereits zur Genüge feststellenden Rechtsform noch irgend eine weitere, eine zweite, denselben Übergang feststellende Form zu erfordern, wie z. B. die Tradition. —

Bei dem geschilderten zweifelhaften Werte irgend einer Tradition habe ich mir deshalb gestattet, die schon jetzt nicht durchgängig positiv begründete sowie praktisch mögliche Tradition beim Eigentumsübergange in den folgenden Artikeln gleichfalls zwischen Klammern anzuführen und diese so vorläufig durch das Vertragssystem zu ersetzen. Jedenfalls wird auch die kommende Gesetzgebung sich vorerst schlüssig zu machen haben, wenn eine Tradition: welche sie einführen will (vgl. oben § 9, 3 mit Note 18 a.), ob die römische oder die heutige; danach wird sich auch die Zulassung oder die Überflüssigkeit eines sog. constitutum possessorium bemessen (oben § 9, Z. 3) 2c. — Selbstverständlich wird ferner für den Grunderwerb der Auflassung oder des modernen Grundbuches[10]) i. e. des öffentlichen Vertrages ohne Besitzüber-

[10]) Vgl. hierüber Achilles, Beitr. zur Lehre von der Auflassung des

tragung, welcher in öffentlichen Büchern bekundet ist, zwischen diesen Klammern zu gedenken sein. Endlich werde ich versuchen, in gleicher Weise zum Teile auch die Veränderungen einzuschalten, welche sich innerhalb des bisherigen gem. d. Rechts alsdann ergeben würden, wenn analog dem Satze: in pari causa melior conditio possidentis anstatt der älteren römischen possessio oder des älteren deutschen Besitzes im Sinne Delbrück's in Collisionsfällen das germanische Princip „Hand muß Hand wahren" oder der jüngste Besitz maßzugeben haben würde (oben § 7 Note 12).

In formaler Beziehung ferner scheint mir insbesondere bezüglich der äußeren Ausscheidung der Materie, bei der für eine kommende Civilgesetzgebung zur Zeit praktisch gegebenen Sachlage, eine systematische Ausscheidung von Proceß- und Civilrechtsbestimmungen, soweit sie das Besitzrecht berühren, absolut unthunlich. Wie die Sache z. Zeit steht, ist das moderne Besitzrecht schon bisher von der modernen Proceßgesetzgebung nahezu vollständig aufgesogen. Es würde daher nicht nur die Übersicht leiden, sondern es würden geradezu Lücken und Unmöglichkeiten entstehen, wenn man jetzt umgekehrt versuchen wollte, die civilrechtlichen Bestimmungen allein zu ordnen und den Proceß, aus welchem das moderne Besitzrecht für das Civilrecht zurückvindicirt werden muß, vollständig unberührt zu belassen. Wir dürfen uns gerade hier bei Leibe nicht durch theoretische Scrupeln[11]) über das praktische für uns absolut Notwendige täuschen lassen! In der Wirklichkeit kenne ich auch überhaupt kaum eine frühere Codification, welche eine solche Trennung in Folge äußerer Verhältnisse durchgängig

---

Eigentums in Rassow und Küntzel, Beitr. zur Erl. d. d. Rs. (Gruchot). Dritte Folge, I, Berlin, 1877, S. 1 ff.

[11]) Unsre heutige Theorie legt wohl ohne Zweifel zuviel Gewicht auf die Durchführung eines formalen Systems in unsren Gesetzbüchern; dieses erscheint nicht als die Aufgabe des Gesetzgebers. Ein System soll das Gesetzbuch allerdings haben, aber ein materielles, d. i. dessen Bestimmungen müssen unter sich materiell in organischem Einklange stehen und von dem beherrscht sein, was die Römer „ratio" nennen. Dagegen ist es völlig gleichgültig, an welche Stelle und in welche äußere Verbindung die einzelnen organischen Bestimmungen gebracht sind: diese formale Darstellung des Systems aus dem Gesetzbuche ist Sache der Theorie, des Professors, nicht des Gesetzgebers. Das römische Recht z. B. hat Consequenz und System, und trotzdem finden sich dessen einzelne Bestimmungen in Digesten und Codex bunt durcheinandergewürfelt.

auszuführen im Stande gewesen wäre; abgesehen von der röm. Codification, welche verschiedene Civilrechts- und Proceßsysteme überhaupt noch nicht kannte, enthält z. B. das preuß. Landrecht, Kreitmayr's bayr. Gesetzgebung, das französ. Recht, die deutsche Proceßordnung von 1877 rc. Civil- neben Proceßbestimmungen in denselben Gesetzbüchern, und gerade am meisten im Besitze. — Bezüglich der äußeren Darstellung gedenke ich ferner, um die Absicht des Gesagten sichtlicher vor Augen treten zu lassen — bei der Feinheit einzelner Unterscheidungen zwischen possessio und Besitz — hier alle bisher gangbaren, wenn auch fremdländischen, technischen Bezeichnungen vorläufig unverändert beizubehalten. Diese können alsdann in einem Gesetzbuche dereinst leichter durch deutsche Ausdrücke ersetzt werden. — Schließlich dürfte hier noch kurz auszuscheiden sein, was von der modernen Besitzlehre in den allgemeinen Teil und in einen speciellen Teil des Gesetzbuches gehört.

A. Allgemeiner Teil.

Dem allg. Teile dürften u. a. folgende Principien zur Regelung anheimfallen:

1. Das Besitzrecht ist im heutigen Systeme, wie bekannt, nicht auf das Sachenrecht allein beschränkt, sondern greift in das gesammte übrige Rechtssystem[12]) ein. Dieses generelle Besitzrecht ist deshalb unzweifelhaft schon im allg. Teile eines Gesetzbuchs dahin zu regeln, daß, neben den einzelnen Rechten selbst, auch der sogen. Rechtsbesitz, richtiger: ein Recht der bloßen Ausübung fremder Rechte, — z. B. das Recht der Ausübung von jura in re aliena, des ususfructus rc. einer fremden Obligation, Reallast, etwa eines fremden Erziehungsrechtes, der Rechte des Erblassers durch den Testamentsexecutor rc. — analog dem Besitzrechte an der fremden körperlichen Sache anzuerkennen und klagsweise zu schützen sein wird.

2. Diese sämmtlichen Rechte ferner, darunter Eigentum und Besitzrecht, sind teils absolut erworbene Rechte, teils nur relative. Es ist also, ähnlich der Theorie des preuß. Landrechts,[13])

---

[12]) Vgl. Bruns, R. des Bes., S. 504—505, art. 1, 2, 5 und die verschiedenen, oben § 4 S. 55 f. ausgeschiedenen Besitzfälle.

[13]) Förster, preuß. Privatr., § 161; oben § 7, Note 5.

im allg. Teile des Gesetzbuchs ein allgemeines „Princip der Relativität“ zu schaffen.

3. Die Klagen des deutschen Besitzrechts und des Eigentums werden zwar zur Aufstellung einer besonderen Gattung von dinglichen Klagen mit abweichenden allg. Regeln im allg. Teile an sich keine Veranlassung bieten. Dagegen dürften ebenda wohl die praktischen „Functionen“ zweier Klagen, welche man bisher als vermeintliche einzelne und selbstständige Klagen des Eigentums oder der quasi-possessio juris angesehen hat, wie ich bereits an einem anderen Orte[14]) auszuführen versucht habe, als Gattungsmerkmale und Gattungsbefugnisse für fast sämmtliche Klagen, einschließlich jedenfalls der Eigentums- und Besitzklage, anzuerkennen sein, nämlich die Functionen der actio negatoria und confessoria: das negare und das confiteri oder das Abwehren von Störungen und der Anspruch von Rechten. Die bisher je als vermeintlich selbstständige Klage aufgefaßte negatoria und confessoria actio ist nämlich schon im röm. Rechte keineswegs der eigentliche Name[15a]) der heutzutage unter ihnen verstandenen Klagen, sondern beide Bezeichnungen sind bloße Adjectiva, bloße „Eigenschaften und Functionen“ nicht blos der Eigentums- und der dinglichen, sondern: der sämmtlichen Klagen aus bereits erworbenen Rechten; aller Klagen somit, ausgenommen etwa der Klagen aus den Obligationen, wenn man nicht etwa auch hier der provocatio ex lege si contendat die Eigenschaft einer solch' negativen Klage aus dem Obligationenrechte beilegen will. Denn alle diese Klagen berechtigen gleichmäßig zu einem Anspruch und zu einer Abwehr, d. i. zu einem confiteri und negare. — Es entspricht daher sowohl der Natur des Rechtes als dem praktischen Bedürfnisse der Rechtsuchenden, diese, sowohl der Besitz- und Eigentumsklage, als den sämmtlichen übrigen Klagen zukommende zweifache Function sofort im allgemeinen Teile des Gesetzbuchs schon als generelles Rechtsprincip, welches der praktischen Rechtsprechung gute Dienste leisten mag, dahin festzustellen: „jede Klage aus einem erworbenen Rechte

---

[14]) Seitz, zur Kritik der heutigen Negatorien- und Confessorienklage, Jena 1873, S. 16—21, 105, 113 ff.

[15a]) S. meine cit. Negatorienklage, S. 113—117, S. 105 ff. Die eigentlichen Namen dieser Klagen im röm. R. sind die vindicatio, petitio, actio de servitute, petitio usufructus, actio de haustu, actio de servitute oneris ferendi 2c. 2c.

kann sowohl **negativ** als **positiv** oder **confessorisch** geltend gemacht werden"; wir können mit jeder Klage sowohl das bezügliche Recht positiv **ansprechen** als Störungen von demselben negativ **abwehren**. Mit diesem generellen Rechtssatze erschöpfen wir alsdann eine Reihe von Casuistik; wir erschöpfen:

a) die **positive** (confessorische oder affirmative) Function, welche bisher in der reivindicatio, Publiciana, den interdicta adipiscendae und recuperandae, der confessorischen Servitutenklage 2c. vertreten war, jene Klagefunction also, mittels welcher wir diese einzelnen Rechte entweder neuerdings oder wieder, nämlich nach völligem Verluste derselben, **ansprechen**, und

b) die **negative** Klagefunction, bisher beispielsweise vertreten in der negatoria, negativa, prohibitoria, contraria actio, dem interdictum retinendae, der negativen Publiciana 2c., mittels welcher wir nur Störungen von dem erworbenen und noch vorhandenem Rechte **abwehren**.

Durch Zulassung eines solchen generellen Rechtes auf Anspruch und Abwehr endlich werden wir überdies eine Reihe von Antiquitäten des Rechts beseitigen: generelle wie specielle Unterabteilungen von Klagen, welche für uns keinerlei innere Berechtigung mehr haben. — An **allgemeinen** Gattungsbegriffen von Klagen beispielsweise etwa: die röm. Einteilung der Klagen in actiones und interdicta, in solche adipiscendae, recuperandae und retinendae, in prohibitorische, restitutorische und exhibitorische 2c. Ebenso für den **speciellen** Teil des Rechtes zahlreiche kleinlich **casuistische** und heutzutage sowohl wirklich unsachliche als unverständliche Klageneinteilungen. So die Unterscheidungen zwischen reivindicatio, Publiciana actio, interdictum uti possidetis, utrubi, unde vi, de precario, eine besondere Spolienklage, die Possessorien, dann **unzählige** besondere Interdicte der quasipossessio, der Servituten 2c.; zumeist Antiquitäten ohne allem praktischen Werte; zum Teil Namen, welche geschichtlich nur dem in Rom **verschiedenen**, heutzutage aber gleichartigen Verfahren[15b]) der actio oder des judicium und der interdicta entstammen; oder Namen, welche sonst zumeist nur einer, aus der Erinnerung der Gegenwart entschwundenen, zufälligen Fassung von Edictsstellen

---

[15b]) Vgl. meine oben allegirte Negatorienklage, S. 83--103, oben § 5 Note 14.

und sonstigen äußeren Zufälligkeiten ihre Entstehung wie ihre Forterhaltung verdankten. — Schon oben[16]) wurde überdies bemerkt, daß interdicta adipiscendae speciell nur alsdann überhaupt möglich wären, wenn wir das Vertragssystem anstatt oder doch neben dem Traditionssysteme bei der Eigentumsübertragung adoptiren würden.

4. In den allg. Teil eines Civilgesetzbuches endlich sind auch noch sonst etwa zu verweisen: generelle Bestimmungen, daß alle Klagen einschließlich der Eigentums- und Besitzklage eventuell auf das Interesse gerichtet werden können, Bestimmungen über die Schätzung dieses Interesse mit Rücksichtnahme auf den körperlichen[17]) und sonstigen Besitz &c.

B. Specieller Teil.

Hier würde ein Gesetzestext u. a. etwa folgende Bestimmungen erhalten können:

I. Eigentum.

Art. 1. Das Eigentum wird in folgender Stufenfolge geschützt:

I. Primär wird geschützt der absolute Eigentümer, d. i. derjenige, welcher animo domini

entweder originär eine herrnlose Sache occupirt hat,

oder derivativ die Sache aus einer justa causa dominii acquirendi von dem absoluten Eigentümer als Eigentum zugewiesen [und[18]) tradirt] erhält.

(dominium mit reivindicatio.)

II. Eventuell[19]) wird als relativer Eigentümer mit sogen. putativer causa gegenüber Dritten, außer dem absoluten Eigentümer unter I geschützt, wer animo domini

entweder originär in dem guten Glauben, daß er eine herrnlose Sache occupire, diese occupirt hat,

---

[16]) § 9, 1, b mit Note 4; § 9, 2, c.

[17]) Vgl. darüber u. a. oben § 9, Ziff. 7 in f.

[18]) Ueber die Unmöglichkeit, jedes Traditionssystem durchgängig, und die Unrätlichkeit, die römische traditio (verschieden von deutscher Besitzübertragung) überhaupt einzuführen, vgl. oben § 12, Note 6—9 und Text hierzu.

[19]) Für den Fall der Annahme des Principes „Hand muß Hand wahren" würde der Eigentumserwerb unter I und II sich an Wirkung gleichstehen; vgl. das zu Art. 5 in den Klammern [ ] Bemerkte u. Note 30.

oder derivativ auf Grund einer justa causa acquirendi dominii eine bereits in dem Eigentume eines Andern befindliche Sache in dem guten Glauben als Eigentum zugewiesen [und tradirt] erhält, daß die Sache von dem absoluten Eigentümer auf ihn übergehe.

(sog. possessio ad usucapionem mit Publiciana.)

III. Subeventuell wird als relativer Eigentümer gegenüber Dritten mit Ausnahme des absoluten unter I und des Publicianischen Eigentümers unter II geschützt: wer, wissend, daß er das corpus [den factischen Besitz] eines fremden Eigentums erlangt hat, gleichviel ob mit oder ohne Vertrag, animo domini ein Eigentum vor Dritten beansprucht.

(sog. possessio ad interdicta — possession vaut titre.)

Art. 2. Derivative justae causae des Eigentumserwerbes zufolge Art. 1, I u. II sind:

bei beweglichen Sachen jedes auf sofortige Eigenstumsübertragung gerichtete und hiezu gesetzlich dienliche Rechtsgeschäft, wie der Kauf-, Tausch-, Schenkungsvertrag, dos, Erbschaft, Legat 2c.;

bei unbeweglichen Sachen [primär das öffentliche Grundbuch, subsidiär] dieselben Erwerbgründe, wie bei beweglichen Gegenständen.[20])

Der originäre Erwerbtitel des Eigentums ist das corpus [der Besitz] mit animus domini.

Art. 3. [Da, wo der derivative Erwerb des absoluten Eigentumes, abgesehen vom Grundbuche, Gegenleistungen bedingt oder unter stillschweigenden oder ausdrücklichen Voraussetzungen vor sich geht, geht das absolute Eigentum erst dann auf den neuen Erwerber über, wenn die Gegenleistung erfüllt oder die Voraussetzung eingetreten ist.] Namentlich geht das absolute Eigentum beim Kaufe erst mit Zahlung [regelmäßig nicht mit der Stundung] des Kaufschillings, bei der dos 2c. erst mit dem Eintritt der Ehe,[20a]) [beim Tausche erst mit Hingabe des Tauschobjectes bei letztwilligen Zuwendungen erst mit dem Eintritte des Todes bezw. Erbschaftsantrittes des Erben, bei Suspensivbedingungen erst mit dem Eintritte der Bedingung 2c.] über.[21])

Ohne dem Eintritt dieser Erfordernisse begründet die bezüg-

---

[20]) Vgl. oben § 7, Note 9.

[20a]) Auch dies dürfte bereits als positiv zu erachten sein; l. 43 pr. D. de jure dot. 23, 3. — Bez. der Zahlung des Kaufpreises v. § 41 Z. 2, 1.

[21]) Die Motive zu diesem Art. s. in § 12, Text zu Note 6—10.

liche causa nur relatives Eigentum gegenüber Dritten in der Stufenfolge des Art. 1 und mit dem Erfolge des Art. 5.

Art. 4. Das relative Eigentum des possessor ad interdicta nach Art. 1, III endlich obsiegt auf seinen bloßen Titel des corpus [Besitzes] mit animus domini noch immer:

a) gegenüber dem Eigentumsanspruche, welcher das *corpus* [den Besitz] überhaupt nicht erlangt hat;[22])

b) gegenüber demjenigen, welcher zwar animo domini das corpus [den Besitz] erlangt hat, aber von dem Kläger selbst ohne dessen Wissen und Willen;[23])

c) gegenüber dem, welcher erst nach dem Erwerbe des corpus [des Besitzes] des Klägers entweder originär oder derivativ von einem gleichfalls Unberechtigten die possessio erlangt[24]) hat, solange überhaupt der Kläger rechtlich noch selbst als possessor zu erachten ist.[25])

---

22) adversus eum, qui *non* possidet, l. 2 D. uti poss. 43, 17.

23) adversus eum, qui possidet vi, *clam aut precario ab adversario*, l. 1 § 9 D. uti poss. 43, 17.

24) Dies ist der Titel der älteren röm. possessio, welchen Delbrück, die dingl. Klage des d. Rs., als einen Titel des älteren Besitzes im älteren deutschen Rechte allein findet, im röm. Rechte dagegen vermißt; oben § 7 Note 3. Derjenige aber, welcher zuvor animo domini die possessio erlangt hat, ist dadurch auch schon nach röm. Rechte vor jedem Andern relativer Eigentümer, d. i. sogenannter bonitarischer Eigentümer oder possessor geworden und verbleibt dies, solange derselbe eine Klage hat: l. 17 pr. D. de a. poss. 41, 2: si qui svi de possessione dejectus – perinde *haberi debet*, ac si possideret, cum interdicto de vi recuperandae possessionis facultatem habeat; l. 22, cod.; l. 15, 190, D. R. J. 50, 17: qui actionem habet ad rem recuperandam, ipsam *rem habere videtur;* l. 52 D. de a dom. 41, 1. Vgl. meine Abhandlung: die antike und gegenw. Bedeutung der röm. poss., § 5 a. E., Grünhut's Zeitschr. VI, S. 565–568.

Insbes. darf hier der Satz der l. 3 pr. D. uti poss. 43, 17 nicht etwa irreführen: neuter nostrum vincetur; die Stelle sagt keineswegs, daß der Streit über die possessio nach röm. Rechte unentscheidbar sei, sondern nur, wie derselbe Jurist in demselben Edictscommentar l. 1, § 4 D. h. l. 43, 17 andeutet, daß der in der Stelle erwähnte Fall, weil eine justa causa in Frage komme, nicht mehr mittels des „Interdictes" zu entscheiden, vielmehr zu einem andern Verfahren competire, nämlich zu einer „actio" Publiciana oder der späteren vindicatio, welch' erstere ursprünglich ein judicium anstatt der extraordinaria cognitio der älteren Interdicte und später noch immer ein verschiedenes Proceßverfahren begründete. Daß der Streit wirklich entscheidbar, besagen andere Stellen.

25) Wie lange dies der Fall, darüber Note 28 mit 24. — Für den Fall der Annahme des Satzes „Hand muß Hand wahren" würde obiger Absatz c voll-

Art. 5. Bei Collisionen des Eigentumsanspruches mehrerer an derselben Sache obsiegt beim originären Eigentumserwerbe die ältere Occupation, bei dem derivativen Eigentumserwerbe dagegen, sobald die Voraussetzungen des Art. 3 gleichmäßig gegeben sind:

1) im Eigentumsstreite mit dem eignen *autor* stets der im guten Glauben Befindliche, welchem die Sache als Eigentum von dem autor selbst zugewiesen [tradirt] ist;[26])

2) im Streite zwischen Eigentumserwerbern unter sich obsiegt:

a) im Falle des Eigentumserwerbes zu verschiedener Zeit von demselben autor oder von einem verschiedenen autor bei gleicher causa durchgehends die ältere possessio;[27])

b) bei einer Tradition auf Grund verschieden wirksamer causae, gleichviel ob zu gleicher oder zu verschiedener Zeit, obsiegt stets der bessere causa und die Stufenfolge des Art. 1.

Die ältere possessio entscheidet, wo dieselbe immer zur An-

---

ständig wegfallen und durch das zu Art. 5 zwischen den Klammern [ ] Bemerkte ersetzt werden.

[26]) U. zw. auch wenn beispielsweise der Verkäufer eine fremde Sache verkauft, dann selbst absoluter Eigentümer wird und nun die Sache vom possessor vindiciren will, l. 2 D. de exc. rei vend. et traditae 21, 3; diesen Obsieg des possessor über den dominus kennt bereits das röm. Recht in mehrfachen Fällen; vgl. meine Abh. über die röm. possessio § 7, Note 2, Grünhut's Zeitschr. VI, S. 570. — Nicht blos beim röm. Traditionssystem, sondern auch beim Vertragssystem greift diese Bestimmung Platz. So läßt z. B. auch der franz. cod. civ. art. 1583 die lediglich durch Kaufvertrag veräußerte Sache à l'égard du vendeur unbedingt übergehen.

[27]) l. 9, § 4 D. de Public. 6, 2; l. 31, § 2 D. de act. emti vend. 19, 1 (l. 1, § 9 D uti poss. 43, 17). — Ist dagegen die possessio von demselben autor oder von einem verschiedenen autor mit gleich wirksamer *causa* und zu völlig gleicher Zeit tradirt, so entscheiden die röm. Quellen nicht bestimmt. Z. B. derselbe Eigentümer, etwa mehrere legal Bevollmächtigte desselben Eigentümers oder eine Commune mit mehreren Verwaltungen, verkauft und tradirt irrtümlich einen Gegenstand, an welchem unbemerkt eine Tradition an mehrere gleichzeitig vorgenommen werden kann, z. B. einen großen Wald, gleichzeitig an Mehrere. Vgl. Note 44. Das röm. R. enthält hier etwa nur Proceßbestimmungen über die Verteilung der Rollen im Streite um die possessio l. 2, § 1 D. 10, 3; l. 13, 14, 29 D. 5, 1; Savigny, R. d. Bes. § 37 in f., 6. Aufl., S. 484–485; u. zw. dahin, daß über die Parteirolle die Prävention, eventuell das Loos entscheide. Materiell dürfte hier das Richtige sein, beiden Streitteilen gemeinschaftliches, ungeteiltes Eigentum zuzuerkennen, denselben aber gleichzeitig sowohl die Teilungsklage als die Eviction gegen den autor vorzubehalten.

wendung kommt, hier wie in Art. 4, c lediglich, insolange[28]) der ältere possessor sein Eigentum nicht animo aufgegeben, oder, falls er die possessio lediglich corpore verloren hat, insolange seine Klage nicht verjährt oder der Gegner die Sache nicht ersessen hat.

[Wird statt dieses röm. und älteren gem. deutschen Princips im Sinne Delbrück's,[29]) welches die ältere possessio bezw. den älteren Besitz solange bevorzugt, bis der Beklagte ein besseres Recht nachweist, das Princip des deutschen Satzes „Hand muß Hand wahren", der französischen Mobiliarklage und des Art. 306 des d. Handelsges.-B. adoptirt,[30]) so würde, statt des älteren, regelmäßig ein jüngster redlicher Besitz im deutschen Sinne geschützt, sobald der frühere Eigentümer, gleichviel ob an den jetzigen oder einen Vorbesitzer, diesen Besitz freiwillig selbst aus der „Hand gelassen" hat, d. h. sobald diesem die Sache nicht gestohlen oder sonst unfreiwillig verloren gegangen ist. Es würde alsdann der Art. 5 unter Beachtung des Art. 13 etwa folg. Fassung zu erhalten haben:

Art. 5. Bei Collisionen des Eigentumsanspruches mehrerer an derselben Sache, und sobald beim derivativen Erwerbe die Voraussetzungen des Art. 3 gegeben sind, obsiegt

1) unbedingt dem eignen autor gegenüber derjenige, an welchen von diesem die Sache zuerst mittels Vertrages[31]) in gutem Glauben veräußert worden ist;

---

[28]) Ueber die Begründung dieses Absatzes vgl. Note 24 mit § 7, Note 3. Preuß. Entwurf einer Proc.-Ord. von 1864, § 839.

[29]) Delbrück, die dingl. Klage des d. Rs., 1857, mit obiger Note 24 u. § 7, Note 3.

[30]) Oben § 7, Note 10—12 und Text. Dies Princip würde nachstehende praktische Folgen äußern: 1) Der Besitz bonae fidei, welcher nach röm. R. animo domini das Publicianische Eigentum begründete, würde dem absoluten dominium gleichgestellt; in Collisionsfällen würde in Folge hievon in analoger Anwendung des Satzes in pari causa melior conditio possidentis so diese bonae fidei possessio regelmäßig über den dominus obsiegen; 2) an Stelle der röm. possessio, welcher (beispielsweise beim Erwerbe durch constitutum, longa manu traditio) nicht immer der deutsche factische Besitz zur Seite steht — § 9, Ziff. 3 oben —, würde nur der mit dem abs. od. relat. Eigentume verbundene deutsche Besitz, der wirkliche Gewahrsam, das Innehaben wie beim deutschen Faustpfande, den Ausschlag geben; 3) dieser jüngste Besitz würde nach der Motivirung zu Art. 13 zwar deshalb regelmäßig entscheiden, weil, wenn ein älterer Besitz vorlag, der letztere veräußert oder verloren erschiene; sofern aber der Gegner gleichfalls Besitzhandlungen bis in die jüngste Zeit vorgenommen hätte (vgl. etwa Note 44), müßte der obsiegende jüngste Besitz zugleich der ältere sein.

[31]) Diese Bestimmung würde voraussetzen, daß als Regel und vor allem à l'égard du vendeur das Vertragssystem (oben § 7, Note 13) festgehalten und nur bei Collision des Erwerbes Dritter der deutsche Besitz den Ausschlag geben würde. Bei Annahme eines Traditionssystems würden die obigen Worte somit lauten müssen: „mittels Vertrages und Besitzübertragung".

2) im Streite um das Eigentum beim Erwerbe von Dritten dagegen obsiegt:

a) in pari causa der jüngste gutgläubige factische Besitz. Ist der strittige Besitz von beiden Teilen bis in die jüngste Zeit ausgeübt worden oder keine der beiderseitigen relat. Eigentumsklagen verjährt, so obsiegt der ältere ununterbrochene Besitz. Läßt sich auch nicht nachweisen, wer zuerst den (älteren) Besitz erlangt hat, so ist ein gemeinschaftliches ungeteiltes Eigentum vorhanden und die Teilungsklage sowie bei derivativem Erwerbe die Eviction gegen den autor nach allg. Grundsätzen gestattet;

b) bei einer Besitzübertragung auf Grund verschieden wirksamer causae acq. dom., gleichviel ob zu gleicher oder verschiedener Zeit, obsiegt die bessere causa in der Stufenfolge des Art. 1, jedoch mit der Modification, daß das absolute Eigentum und die bonae fidei possessio unter I und II dieses Art. einander gleichstehen und sodann die Regel unter a auch hier eintritt.]

Art. 6. [Die bisherigen u. a. auch den Eigentumsstreit vorbereitenden Klagen: possessorium ordinarium, summariissimum, französ. possessoire, sind aufgehoben.]

Die Eigentumsklage ist eine einheitliche.[32])

Art. 7.[33]) In der Behauptung des absoluten Eigentums liegt von selbst auch die Behauptung, daß dem Kläger eventuell wenigstens ein relatives Eigentum nach Art. 1, II u. III zur Seite stehe.

Beruft sich dagegen die Klage anfänglich lediglich auf ein relatives Eigentum aus dem Titel der factischen Besitzergreifung nach Art. 1, III, und wendet der Beklagte ein, daß der Kläger den Besitz vi, clam und precario von ihm, dem Beklagten, erlangt habe sowie daß er auf Grund dessen ein besseres Recht beanspruche, so ist der Kläger anderseits befugt [und gehalten], sich nachträglich verteidigungsweise sofort auf sein etwaiges besseres, Publicianisches oder absolutes Eigentum nach Art. 1, II oder I zu berufen.

Art. 8. [Mehrere Klagegründe aus dem Eigentume[34]) sind von der Klagspartei in der Regel auf einmal geltend zu machen, vorbehaltlich des processualen Rechtes des Richters, die Verhandlung nach § 136—141 der d. Civ.-Proc.-Ord. von 1877 zu vereinigen und zu trennen.

Eine wiederholte Eigentumsklage aus einem neuen Erwerbgrunde darf nur zugelassen werden bei dem Vorliegen von Restitutionsgründen, oder wenn sonstige Gründe dem Richter glaubhaft dargelegt und nach richterlichem Er-

[32]) Motive: oben § 8, vgl. § 3—5, § 12, Note 5.

[33]) Motive zu diesem Art. oben § 8, a u. b u. § 5, Ziff. 3.

[34]) Cumulation der causae petendi oben § 8, c. Die Artikel 7 u. 8 betreffen gleichmäßig den Uebergang vom sog. bisherigen petitorium zum sog. bish. possessorium wie umgekehrt und die Häufung mehrfacher gleichberechtigter causae petendi.

messen entweder an sich glaubwürdig befunden oder bescheinigt oder erwiesen werden, aus welchen sich ergibt, daß ein gleichzeitiges Geltendmachen entweder unmöglich oder unverhältnißmäßig erschwert gewesen wäre oder doch eine Trennung der Verhandlung herbeigeführt hätte.]

Eine frühere Klagestellung aus dem absoluten oder Publicianischen Eigentume nach Art. 1, I u. II involvirt [unter obigen Voraussetzungen] bei dem Unterliegen mit diesen Klagen keinen Verzicht auf die spätere Klage aus dem relativen Eigentumserwerbe.[35])

[Auch im Falle des Obsiegens mit einem nachträglich zugelassenen Erwerbgrunde des Eigentums kann der Kläger in die Kosten des weiteren Processes ganz oder teilweise verurteilt werden.]

Art. 9. Die Klagen aus dem absoluten und Publicianischen Eigentume verjähren innerhalb der regelmäßigen Verjährungsperiode; die Klagen des relativen Eigentumes aus dem Titel des bloßen corpus[36]) verjähren zum Teil in einem Jahre.

Die letztere Klage geht nur, insoweit es sich um ein lucrum des Gegners handelt, auf die Erben über ꝛc.

II. Besitzrecht an körperlichen Gegenständen.

Art. 10. An fremden Sachen entsteht durch thatsächlichen Besitzerwerb[37]) mit der Absicht, über die Sache factisch eine Zeit lang zu verfügen, ohne jedoch das Eigentum zu wollen, ein absolutes oder relatives Besitzrecht, d. i. das accessorische dingliche

---

[35]) D. i. nach der reivindicatio kann noch die Publiciana und das interdict., nach der Public. noch das interdictum angestellt werden; l. 12, § 1 D de a. poss. 41, 2 entgegen art. 26 cod. de procéd. c. ꝛc. Motive oben § 5, Ziff. 2. —

[36]) Art. 1, III mit Art. 4. Hier dürfte überhaupt die Gesetzgebung eine Revision der Bestimmungen eintreten lassen. Die interdicta des possessor verjähren regelmäßig in einem Jahre; an deren Stelle treten aber actiones: die interdicti actio, actio recuperandae ꝛc. Diese verjähren regelmäßig in dreißig Jahren. Aber gerade auch die eigentliche actio des possessor, die prätor. Publiciana verjährt, wenn sie rescissa usucapione contra jus civile datur, wieder in einem Jahre, l. 35 pr. D. O. et A. 44, 7, vgl. § 5 J. de act. 4, 6 (rescissoria actio). Eine Ausnahme bilden wieder die Interdicte, welche de eo, quod ad eum, cum quo agitur, pervenit in dreißig Jahren verjähren; oben § 9 zu Note 23—25.

[37]) Durch Besitz somit, ähnlich dem des deutschen Faustpfandes, oder wirkliches Innehaben, nicht schon durch röm. Tradition oder corpus, dieser bloßen flüchtigen „Verkörperung“ des Besitzwillens; vgl. oben § 9, Ziff. 3, § 12, Text zu Note 6—10.

Recht, die fremde Sache zeitweilig und insolange in unsrem Gewahrsam zu behalten sowie ohne Substanzveränderung über dieselbe zu verfügen, als der Grund, aus welchem wir den Besitz erlangt haben, die causa oder der Titel des Besitzrechtes, fortdauert.

Art. 11. Je nach diesem Grunde des Erwerbes (causa) des Besitzrechtes[38]) ist das letztere während der, dieser causa gesetzten Zeitdauer entweder ein absolutes, d. i. ein Besitzrecht, welches jedem, auch dem absoluten Eigentümer gegenüber wirksam erscheint; oder ein nur relatives, d. i. ein Besitzrecht, welches nur in Beziehung oder „Relation" auf Dritte, außer dem absoluten Eigentümer und absolut Besitzberechtigten, wirkt. — Auch dies letztere wird nach Maßgabe des Art. 12 geschützt, je nachdem es mittels justa oder sog. putativa oder ohne solche causa nur auf den Titel der factischen Besitzergreifung mit der Absicht zu besitzen erworben ist, und letzteres wieder, je nachdem bona oder mala fides vorliegt. —

Art. 12. Dieses Besitzrecht wird im Allgemeinen in folgender Stufenfolge geschützt:

I. Primär wird geschützt das Besitzrecht mit absoluter *justa* causa; dasselbe besteht:

entweder originär durch bloße Besitzergreifung mit der Absicht, zu besitzen, auf Grund einer absoluten justa causa;[39])

oder derivativ in Folge Erwerbes aus einer absoluten justa causa und Besitzübertragung vom absoluten Eigentümer.[40])

Dieses Besitzrecht obsiegt als solches, d. i. insoweit es sich

---

[38]) Vgl. oben § 9, Ziff. 5 u. 6. In Ziff. 5 des § 9 ist bereits gesagt, daß die causa des Besitzes eine originäre oder derivative, eine absolute oder relative, entweder ein dingliches Recht (z. B. ususfructus) oder ein persönliches Recht (z. B. Pacht, Miete) oder gar kein Recht, sondern die bloße Thatsache des factischen Besitzes (Titel des fact. Besitzes) sein kann.

[39]) Beispiele: möglicherweise das Retentionsrecht gegenüber dem absoluten Eigentümer; oder das Besitzrecht dessen, welcher eine herrnlose Sache, eine res derelicta, insula in mari enata, freie Güter 2c. nicht, um Eigentum zu erwerben, sondern lediglich zum Nutzgenusse für sich und im Uebrigen für einen neuen Eigentümer occupirt.

[40]) Z. B. in Folge Pacht, Miete, Commodat, Verpfändung als Faustpfand, Einräumung von Ususfructus, Veräußerung unter suspensivem Eigentumsvorbehalte und Besitzübertragung Seitens des absoluten Eigentümers.

um das bloße Recht, zu besitzen, handelt, absolut: gegen jeden denkbaren Eigentümer und sonstigen Besitzberechtigten.

II. Eventuell wird geschützt das Besitzrecht mit relativer *justa* causa Seitens des absoluten Eigentümers.[41])

Dieses obsiegt nicht gegenüber dem absoluten Eigentümer und Besitzer unter I, wohl aber gegenüber jedem sonstigen Eigentümer und Besitzberechtigten.

III. Subeventuell wird geschützt das relative Besitzrecht mit sogen. *putativa causa* des Besitzrechts und der *bonae fidei* Besitz überhaupt.[42])

Dieses Besitzrecht obsiegt nicht gegenüber dem absoluten Eigentümer sowie den unter I u. II erwähnten besser Besitzberechtigten, wohl aber gegenüber dem Besitzer mala fide unter IV.

IV. Weiter eventuell wird geschützt: der Besitzer *mala fide;* der, welcher weiß, daß entweder das Eigentum oder das Besitzrecht einem Andern zusteht und dessenunerachtet an der Sache ohne animus domini und ohne rechtlichen Grund den Besitz ergreift.[43])

Dieser obsiegt noch immer:

a) gegenüber demjenigen Dritten, welcher überhaupt nicht factisch besitzt;

---

[41]) Dasselbe besteht beispielsweise derivativ bei dem Depositum oder der precären (widerruflichen) Besitzübertragung Seitens des absoluten Eigentümers, bei dem Verwalter des letzteren &c.

[42]) Ein Besitzrecht mit sog. putativer causa entsteht beispielsweise derivativ, wenn der Besitzer seinen Besitz mittels einer justa causa des Besitzrechts: Pacht, Faustpfand &c. in dem guten Glauben erwirbt, daß ihm der Besitz vom absoluten Eigentümer übertragen sei, während der Besitzübertragende in der Wirklichkeit nur Publicianischer Eigentümer oder possessor ad interdicta ist. — Ein Besitzrecht bona fide besteht ferner originär in der Person des negotiorum gestor; z. B. des Finders, welcher die verlorne Sache nicht animo domini, sondern in der Absicht apprehendirt, dieselbe blos zu besitzen und dereinst an den sich findenden Eigentümer oder die Polizeibehörde abzuliefern. Ferner in dem Besitze dessen, welcher ohne Auftrag die Güter eines befreundeten Flüchtigen ohne animus domini ergreift, lediglich in der Absicht, dieselben insolange für den Abwesenden zu besitzen und zu verwalten, bis dieser zurückkehrt, eine Vollmacht ausstellt oder die Absentencuratel für ihn eintritt.

[43]) Z. B. jemand ergreift eine fremde Sache, von welcher er weiß, daß dieselbe eine fremde ist, ohne Gestattung des Eigentümers oder eines sonst Berechtigten, ohne Absicht, die Sache selbst sich anzueignen, aber in der Absicht, sie zu besitzen, um an ihr den Nutzgenuß auszuüben. — Die Rechte dieses malae fidei Besitzers gestalten sich analog denen des possessor ad interdicta in Art. 4.

b) gegenüber demjenigen, welcher factisch besitzt, aber sein Besitzrecht von dem Kläger selbst vi, clam oder precario ableitet; endlich

c) gegenüber demjenigen, welcher factisch besitzt, aber seinen Besitz von einem gleichfalls unberechtigten Dritten und erst nach dem Besitzerwerbe des Klägers erworben hat (älterer Besitz), — u. zw. als Kläger unter b. und c., solange er weder das Besitzrecht animo aufgegeben, noch den factischen Besitz verloren, oder falls er diesen verloren hat, solange wenigstens dessen Besitzklage nicht verjährt ist.

Art. 13. Bei gleicher justa oder injusta causa entscheidet demzufolge überhaupt in dem Conflicte von Besitzberechtigten unter sich das jüngste Besitzrecht, und falls der Gegner bis in die jüngste Zeit gleichfalls Besitzhandlungen ausgeübt hat, der zugleich ältere[44]) ununterbrochene Besitz des Besitzenden und seines autor, solange nicht der ältere sein Besitzrecht animo aufgegeben oder das Factum zwar nur wider Willen verloren, aber gleichzeitig seine Besitzklage nicht verjährt ist.

Art. 14. Im Conflicte eines Besitzrechtes mit dem

---

[44]) M. vgl. das bereits oben Note 27 analog verwertete Beispiel: Zwei Personen besitzen gleichzeitig, etwa in Folge irrtümlicher Acte verschiedener Verwaltungen oder als Pächter derselben Commune einen größeren, nicht regelmäßig bewirtschafteten Wald von solchem Umfange, daß beide, ohne es zu wissen, längere Zeit gleichzeitig den Besitz ausüben können, d. i. beide gleichzeitig an verschiedenen entlegenen Orten desselben Waldes Holz fällen. Oder zwei besitzen und beuten gleichzeitig, ohne daß sie dies wissen, dasselbe Fischwasser aus. Erst später klärt sich der gleichzeitige Besitz auf. — Hier muß vor allem der ältere Besitzer stets auch zugleich der jüngste Besitzberechtigte sein; weil der deutsche Besitz nur zu Recht besteht, wenn das factische Inhaben noch fortbesteht, nicht animo aufgegeben, oder, sofern es factisch unterbrochen, wenn die Besitzklage wenigstens noch nicht verjährt ist; nach dem Grundsatze des l. 15 D. R. J.: qui actionem habet ad rem recuperandam, rem ipsam habere videtur. Bei Entscheidung des Besitzstreites stünden sich alsdann hier in Bezug auf das jüngste Besitzrecht beide Gegner rechtlich vollständig gleich; es kann ebendeßhalb bei einem Collisionsfalle nur das den Ausschlag geben, was dem Einen abgesehen vom jüngsten Besitze einen Vorzug vor dem Andern gewährt, und dies ist: das jus potioris tempore oder der Umstand, daß dem Einen neben dem jüngsten zugleich der ältere Besitz zusteht.

Würde auch der ältere Besitz auf beiden Seiten ganz gleich sein, d. i. würden beide den fact. Besitz völlig gleichzeitig übertragen erhalten haben, so würde analog dem Art. 5 Note 27 nichts erübrigen, als einen gemeinschaftlichen, noch

Eigentume stehen, soweit das letztere durch das Besitzrecht berührt werden kann:

a. Einreden aus dem absoluten Eigentume nicht dem absoluten Besitzrechte des Art. 12, I, wohl aber jedem relativen Besitzrechte des Art. 12 II—IV zerstörend entgegen.

b. Einreden aus einem relativen Eigentume des Art. 1 II.—III., soweit das letztere ein Publicianisches ist, stehen stets dem Besitzer malae fidei und niemals dem bona fide Besitzer entgegen, welcher sein Besitzrecht aus einer absoluten justa causa des Art. 12, I von diesem relativen Eigentümer selbst ableitet. Im Übrigen stehen dem Eigentume folgende Wirkungen zur Seite.

Ist der Kläger ein derivativer, gutgläubiger Besitzer und wendet der Beklagte ein, daß er gutgläubiger Eigentümer nach Art. 1, II sei, oder, daß er ein Besitzrecht[45]) im guten Glauben gleichfalls von einem solch' gutgläubigen Eigentümer nach Art. 1, II tradirt erhalten habe, — nur nicht vom Autor des Klägers, sondern von einem andern Autor, — so ist diese Einrede alsdann wirksam, wenn das gutgläubige Eigentum des Beklagten beziehungsweise seines Autors über das gutgläubige Eigentum des Autors des Klägers in dem präjudiciellen Eigentumsstreite des Art. 5 obsiegt. — Leiten beide Teile ihr relatives Besitzrecht derivativ von demselben Eigentümer ab, so entscheidet die frühere Besitzübertragung. —

Dem bonae fidei Besitzer aus originärem Besitzerwerbe des Art. 12, III dagegen, z. B. dem Finder, steht die Einrede des gutgläubigen relativen Eigentümers nur dann zerstörend gegenüber, wenn dies Eigentum von dem letztgenannten oder seinem Autor früher erworben worden ist.

Für die Einrede endlich aus dem relativen Eigentume aus bloßer factischer Besitzergreifung und im bösen Glauben (des

---

ungeteilten Besitz beider an dem Walde ꝛc. anzunehmen und beiden die Teilungsklage, zugleich aber auch die Klage auf Prästation des Interesse wegen Nichterfüllung des Pachtes ꝛc. gegen die Commune zu gestatten.

Eine Ersitzung ist hier nach keiner Seite denkbar, weil das deutsche Besitzrecht nur besteht, wenn das Factum noch unaufgegeben fortdauert und in diesem Falle der ausschließliche Besitz des einen Gegners fortwährend durch Besitzhandlungen des andern unterbrochen wird.

[45]) Eine gleichzeitig factische Besitzrechtsausübung ist in diesem und den folg. Fällen gleichfalls so zu denken, daß sie neben der des Gegners unvermerkt fortbesteht; vgl. Note 44.

possessor malae fidei ad interdicta), welche dem Besitzer in bösem Glauben nach Art. 12, IV gegenüber geltend gemacht wird, ist die frühere Besitzergreifung und damit der zugleich ältere Besitz schlechthin entscheidend.

Art. 15. Bei einer Veräußerung des absoluten oder Publicianischen Eigentums an einem Gegenstande, an welchem vom früherem Eigentümer ein Besitzrecht tradirt ist, namentlich bei dem Verkauf, Tausch 2c. eines vermieteten Hauses, geht das Besitzrecht nicht verloren:

a) wenn das Besitzrecht aus einer an der Sache haftenden, dinglichen causa des Besitzes[46]) tradirt ist;

b) wenn bei einer persönlichen causa des Besitzrechts der neue Erwerber des Eigentums entweder sich die Freiheit seines neuen Eigentums mala fide verschafft, oder wenn dessen Unkenntniß von der Veräußerung des Besitzes durch den Verkäufer 2c. auf einer lata culpa beruht;[47])

c) wenn die Veräußerung aus nicht lästigem Titel, z. B. mittels Schenkung erfolgt.[48])

Sind die Voraussetzungen unter b. und c. bei persönlichen Verträgen (causae) nicht gegeben oder wird die Sache in einem

---

[46]) Art. 11; z. B. auf Grund einer Servitut, eines ususfructus 2c. — Sofferne das Grundbuch, Hypothekenbuch 2c. auch die Eintragung der dinglichen Rechte erfordern sollte, müßte selbstverständlich auch dieses Besitzrecht eingetragen sein. — Vgl. § 9 Z. 5.

[47]) Eine bewußte (dolose) Teilnahme an der Entziehung des fremden, vom Verkäufer veräußerten, Besitzrechtes durch den letzteren wäre es ohne Zweifel, wenn der Käufer nachweisbar gewußt hat, daß an der Sache auf Grund irgend einer causa von dem Verkäufer das zeitweise Besitzrecht rechtsgültig veräußert war. Der Käufer würde alsdann dem Verkäufer bewußt dieses Besitzrecht entziehen helfen und juristisch für die Folgen dieser dolosen Teilnahme an der Entziehung haften. — Das Gleiche wäre der Fall, wenn die Unkenntniß des Käufers von der Veräußerung eines Besitzrechts durch den Verkäufer auf lata culpa beruhte; z. B. der Name der Mieter steht bei einem, schon nach seiner Größe und den Verhältnissen des Verkäufers offenbar zum Vermieten bestimmten Hause noch überdies auf den Vorthüren der einzelnen Mietwohnungen oder an den Glockenzügen des Hausthores angeschrieben. In diesem Falle hat wohl der civilrechtliche Satz Anwendung zu finden: lata culpa plane dolo comparabitur. — Ueber die bisherige Gesetzgebung in Mietverhältnissen vgl. oben § 11, c. — V. auch S. 106—107, 110 Z. 8.

[48]) Motiv: Hierdurch wäre zugleich ein Schaden des neuen Eigentümers wie des bisherigen Besitzers durch den dolus des Veräußerers ausgeschlossen und im Erfolge die Wirkung einer condictio ob injustam causam erreicht.

gerichtlichen Zwangsverstriche veräußert, so besteht zwar das dingliche Besitzrecht, welches accessorisch zu der, früher den Veräußerer persönlich bindenden justa causa des Besitzrechts, dem Mietvertrage &c., hinzutrat, auch jetzt, mit dem Eintritte der Unmöglichkeit der Erfüllung dieser justa causa, noch factisch sowie als dingliches bona fide erworbenes Besitzrecht fort. Das auf die causa des persönlich bindenden Mietvertrages &c. allein sich stützende absolute Besitzrecht aber fällt alsdann in sich zusammen, und beide Teile sind jetzt befugt, das factisch fortbestehende dingliche Besitzverhältniß unter Beachtung der maßgebenden Kündigungsfristen zu lösen.

Art. 16. Im übrigen geht das Besitzrecht verloren:

1) (als accessorisches Recht) mit dem Aufhören der *causa*, auf Grund deren das Besitzrecht erworben wurde.[49]) — Setzt der Besitzer nach dem Wegfalle dieser causa nichtsdestoweniger den Besitz fort, so entsteht ein neues Besitzrecht mit einer neuen justa oder injusta causa;
2) mit dem Aufgeben des *animus* zu besitzen (Dereliction);
3) durch den Verlust des factischen Besitzes; sei es durch den Untergang der Sache; sei es dadurch, daß der Besitzberechtigte aus dem factischen Besitze dejicirt und dessen Besitzklage verjährt ist oder ein neuer Besitzer das Besitzrecht ersessen hat;
4) durch Consolidation mit dem Eigentume (im bisher sog. Eigentumsbesitze) &c.

Art. 17. Der Klagsanspruch auf Wiedererlangung des verlornen Besitzes (die confessorische Besitzklage) verjährt, wenn das Besitzrecht mittels einer persönlichen causa erworben ist, dem Eigentümer der dienenden Sache gegenüber erst mit der Verjährung der Klage aus der persönlichen causa, dem Pacht-, Mietvertrage &c., auf Grund deren dieser zur Gewährung des accessorischen Besitzrechtes verpflichtet ist. Die Besitzklage aus einer dinglichen causa verjährt mit dem Untergange des principalen dinglichen Rechts, des ususfructus &c.

Besitzklagen Dritten gegenüber, ferner die negative Besitzklage auf Abwehr von Störungen des Besitzrechtes, sowie die Klagen

---

[49]) Nach dem Grundsatze: accessorium sequitur principale beispielsweise mit dem Ende der Miete und Pachtzeit, mit der Zahlung der principalen Schuld beim Faustpfande &c.

auf Entschädigung aus einem bestandenen oder entzogenen Besitzrechte verjähren nach den allgemeinen Regeln über Klagenverjährung.[50])

Art. 18. Die Klage aus dem Besitzrechte ist eine einheitliche. Vorbereitende Processe finden nicht statt.[51])

Derjenige, welcher sich auf ein absolutes Besitzrecht des Art. 12, I oder auf ein sonstiges besseres Besitzrecht des Art. 12, II oder III beruft, ist regelmäßig befugt und gehalten, in dem nämlichen Processe gegebenen Falls nachzuweisen, daß ihm wenigstens der Titel des factischen Besitzes mit animus zu besitzen und schon damit eventuell noch immer ein besseres Besitzrecht zusteht, als dem Gegner.

Ebenso sind die Klagen aus verschiedenen causae des Besitzrechtes regelmäßig zu verbinden und dürfen Ausnahmen von dieser Regel nur nach Analogie des Art. 8 eintreten.

Endlich darf die Besitzklage und die Eigentumsklage nach den allgemeinen Regeln über Verbindung und Trennung verbunden und getrennt werden.

---

50) Vgl. oben § 9 Ziffer 8.

51) Vgl. § 10, § 4, § 12, Art. 6 u. 7.

Verbesserungen.

Seite	Zeile von oben				
29	14	lies	sonstigen	statt	sonstige.
44	17	„	soll	„	sollen.
86	37	„	D. R. I.	„	D. R. J.
95	1	„	Besitz	„	Besitzrecht.
102	10	„	bei dem	„	um.
109	32	„	fortgesetzt	„	fotgesetzt.

Register.

(Die einfachen Zahlen bezeichnen die Seite, die in Klammern eingeschlossenen die Noten auf diesen Seiten.)

Druck von Kerskes & Hohmann in Berlin S.W., Zimmerstraße 94.

FSC
www.fsc.org
MIX
Papier | Fördert gute Waldnutzung
FSC® C083411

Kolibri 360 GmbH
Ferdinand-Jühlke-Straße 7
99095 Erfurt, Deutschland
produktsicherheit@kolibri360.de